Dans la même collection :

- Tartes et gâteaux
- Recettes pour recevoir sans problème
- Hors-d'œuvre et entrées
- 130 recettes au chocolat
- Cocktails, boissons exotiques
- La nouvelle cuisine légère et raffinée
- La cuisine aux micro-ondes
- Poissons, coquillages, crustacés
- La cuisine diététique
- Les viandes

Les desserts aux
MICRO-ONDES

Monique LANSARD

Photos : S.A.E.P. / J.L. Syren

La coordination de cet ouvrage est assurée par
Paulette Fischer.

EDITIONS S.A.E.P. INGERSHEIM 68000 COLMAR

Signification des symboles
accompagnant les recettes

Recettes

✕	élémentaire
✕✕	facile
✕✕✕	difficile

Recettes

○	peu coûteuse
○○	raisonnable
○○○	chère

LES TEMPS DE CUISSON

Il est difficile d'indiquer des temps de cuisson précis dans un micro-ondes, trop de facteurs étant à considérer : puissance du four, taille des aliments, disposition des mets, matériau des récipients...

Les temps de cuisson indiqués dans ce livre sont donnés pour un micro-ondes dont les puissances sont les suivantes :

puissance maximale 700 W
puissance moyenne 450 W
puissance minimale 200 W.

Pour un appareil dont les puissances sont différentes, il y a lieu d'appliquer un coefficient de correction des durées de cuisson. Pour simplifier ce calcul, il faut retenir que la durée de cuisson est approximativement inversement proportionnelle à la puissance (15 % par 100 W).

EXEMPLE :

Durée de cuisson de 10 mn à 700 W.

Pour un micro-ondes de puissance maxi 600 W : augmenter la durée de cuisson de 15 %, soit une durée de cuisson de 11 mn 30 sec.

Bien entendu, si le résultat n'est pas satisfaisant, vous pouvez éventuellement poursuivre la cuisson jusqu'à l'obtention du résultat souhaité.

Les fours à micro-ondes commencent à trouver leur vraie place dans les cuisines familiales françaises, il reste encore trop d'utilisateurs persuadés que la seule utilisation d'un four de ce type est le réchauffage de différents produits.

On peut faire toute une gamme de préparations culinaires dans ces fours et les desserts ne sont pas les moins nombreux. Il ne faut pas vouloir faire toute la pâtisserie traditionnelle mais, une fois connues les règles de base, on a devant soi un très large éventail de recettes faites pour combler les plus difficiles.

Une des caractéristiques principales de ce type de cuisson est le fait de développer au maximum les saveurs, le risque en pâtisserie est l'augmentation du goût de sel présent dans toutes les levures et même dans certaines farines.

Un autre problème plus facile à résoudre est celui de l'aspect des pâtisseries qui restent claires, pratiquement blanches. Il suffit pour y pallier, soit de colorer les pâtes, soit de prévoir des décors suffisamment couvrants.

Ces difficultés dominées, le registre des desserts est très vaste et séduisant. On a là la possibilité de préparer en un tour de main toutes sortes de gâteaux aux fruits, les entremets du type crèmes ou flans gagnent une finesse avec ce mode de cuisson, qu'aucun autre ne peut offrir. C'est le chapitre idéal pour exécuter des recettes raffinées qui seront la touche finale d'un repas, laissant les convives sur une impression de qualité de haut niveau.

Il faut ajouter, bien entendu, tous les avantages habituels du micro-ondes : gain de temps de cuisson, gain de temps de nettoyage, les préparations étant faites directement dans le plat de service, mise en valeur des produits choisis tels les fruits exotiques, etc., possibilité de préparer un dessert chaud à l'avance et de le cuire au dernier moment en étant sûr du résultat sans avoir à le surveiller.

Toutes les recettes de cet ouvrage ont été réalisées dans un four à micro-ondes ayant une puissance restituée de 700 watts, équipé d'un plateau tournant. Il faut rééquilibrer les temps de cuisson donnés en fonction de la puissance réelle du four utilisé. Ne pas oublier de prendre en considération la qualité du matériau du récipient de cuisson, certains sont plus ou moins bons conducteurs. Il vaut mieux toujours sous-cuire et éventuellement poursuivre la cuisson par fractions de temps très courtes.

EXEMPLES D'UTILISATION PRATIQUE DES MICRO-ONDES

● ***Amandes mondées***
Les passer 1 minute au four dans un bol d'eau. Egoutter, peler.

● ***Pour faire fondre du chocolat ou de la gelée de fruits****, chauffer 1 minute 30 sans y toucher. Remuer à la sortie du four.*

● ***Préparation du caramel***
Mélanger 100 g. de sucre et 1 cuillerée à soupe d'eau. Faire cuire à découvert 4 minutes sans y toucher.

CREME ANGLAISE

● *Préparer les ingrédients.*

● *Chauffer le lait avec la vanille.*

● *Le verser sur le mélange œufs/sucre, en remuant.*

● *Faire cuire 2 minutes en remuant toutes les 30 secondes.*

● *Mélanger, laisser refroidir puis servir.*

CONFITURES DE FRUITS ROUGES

• *Rassembler les ingrédients.*

• *Mettre les fruits, sauf les fraises dans un plat.*

• *Ne pas ajouter d'eau, cuire 5 minutes.*

• *Mixer, passer au tamis. Ajouter le sucre et les fraises.*

• *Inutile de couvrir, cuire 7 minutes.*

• *Mettre en pots.*

BANANES AU BEURRE

• *Eplucher les bananes.*

• *Les disposer dans un plat.*

• *Ajouter du beurre, du sucre et éventuellement des épices.*

• *Ne pas ajouter d'eau.*

• *Couvrir, en laissant une ouverture et faire cuire 4 minutes.*

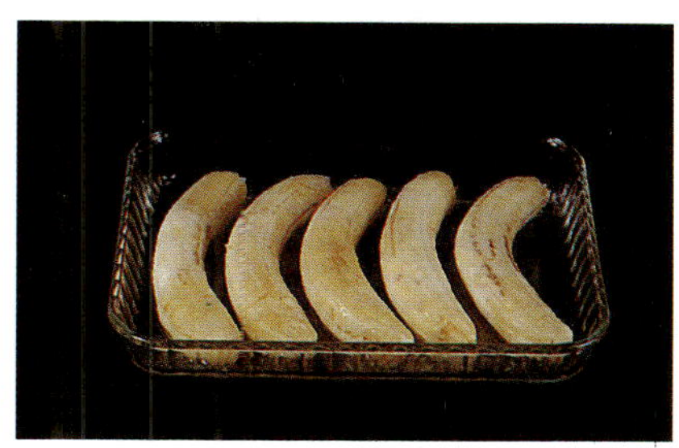

• *Attendre quelques instants avant de servir.*

POIRES AU SIROP

● *Eplucher les poires.*

● *Les disposer dans un plat.*

● *Ajouter le sirop (ou l'eau).*

● *Couvrir et glisser au four.*

● *Les retourner à mi-cuisson.*

● *Servir tiède.*

POMMES AUX RAISINS

● *Inciser les pommes à mi-hauteur. Les creuser.*

● *Les garnir et les ranger dans un plat.*

● *Ne pas ajouter d'eau.*

● *Couvrir et faire cuire environ 4 minutes.*

● *Changer les pommes de place. Cuire 5 minutes.*

● *Attendre 3 minutes pour servir.*

PRUNEAUX POCHES AU VIN ET A LA CANNELLE

● *Rassembler les ingrédients.*

● *Disposer les pruneaux dans un plat Sucrer.*

● *Ajouter le vin et les épices.*

● *Couvrir durant la cuisson.*

● *Mélanger à mi-cuisson.*

● *Laisser reposer et refroidir.*

CUISSON DU RIZ

● *Rassembler les ingrédients.*

● *L'eau doit être bouillante.*

● *Y verser le riz en pluie.*

● *Glisser le plat couvert au four.*

● *Cuire 15 minutes. Remuer en fin de cuisson.*

● *Attendre 5 minutes avant de servir.*

LE MATERIEL A UTILISER AU FOUR A MICRO-ONDES

Tous les matériaux non métalliques peuvent aller au four à micro-ondes.

*- **Les récipients en verre :** il faut distinguer la verrerie ordinaire qui supporte un réchauffage jusqu'à 90° et les verres trempés type Duralex, Pyrex, Arcopal, etc. qui en fait, sont les plus valables pour la cuisson aux micro-ondes.*

*- **Les récipients en faïence ou porcelaine** vont très bien au four à micro-ondes, à condition de ne pas avoir de décors or ou argent.*

*- **Les récipients en terre cuite,** non vitrifiés à l'extérieur, peuvent être utilisés au four à micro-ondes après avoir été totalement immergés.*

*- **Les récipients spécifiques** pour four à micro-ondes sont évidemment parfaits mais il faut faire très attention à ne pas les utiliser dans un four normal.*

*- Il existe dans le commerce des **couvercles spéciaux** pour réchauffer au four à micro-ondes, ils ont généralement un système qui permet de laisser échapper un peu de vapeur selon la texture du plat à réchauffer : par exemple les pommes de terre non épluchées doivent se réchauffer couvercle fermé, tandis qu'une viande en sauce se réchauffera avec une petite ouverture.*

*- **Les papiers :** papier sulfurisé, essuie-tout, film plastique étirable conviennent parfaitement.*

LE MATERIEL A NE PAS UTILISER

- Tous les métaux, du simple papier aluminium à la casserole en cuivre.
- Les boîtes plastiques de rangement, qui se déformeraient.
- Les récipients en bois qui peuvent se fendre.

LES COUVERCLES

Ils remplissent deux rôles principaux :
- Retenir la vapeur pour accélérer la cuisson et éviter le dessèchement.
- Eviter les éclaboussures à l'intérieur du four.

① - La cloche sert à réchauffer sur assiette ou sur plat.
② - Film plastique : éviter qu'il ne touche les aliments et le percer de quelques trous.
③ - Le couvercle en verre supporte les cuissons à haute température.
④ et ⑤ - Les couvercles en plastique : certains peuvent passer du congélateur au micro-ondes.
⑥ - Le papier sulfurisé est idéal pour les papillotes.
⑦ - La papier ménage est utilisé pour la décongélation ou le réchauffage de viennoiseries.

Les crèmes

Les recettes données tiennent compte de la qualité réelle du lait commercialisé aujourd'hui qui est toujours partiellement ou totalement écrémé. C'est la raison de l'addition systématique de crème.

- Il faut toujours utiliser un très grand récipient, le lait débordant facilement.
- On doit couvrir le lait pour le chauffer, seulement si on ajoute quelque chose à infuser.
- Il est préférable de sous-cuire une crème pour éviter qu'elle se désagrège ; on peut toujours la recuire par fractions de 30 secondes si l'onctuosité n'est pas atteinte.

C'est le type même de dessert dont la qualité est très supérieure cuit aux micro-ondes, l'onctuosité obtenue est incomparable.

Crème à la crème

Pour 4 personnes

Ingrédients :
1/4 lit. de lait
1/4 lit. de crème fleurette
6 jaunes d'œufs
3 cuillerées à soupe de grand-marnier ou une autre liqueur de son choix
100 g. de sucre.

Prép. : 5 min. - Ut. : 3 min.

Mettre le lait dans un saladier, couvrir. Cuire 2 minutes, à puissance maxi.

Pendant ce temps, battre les œufs avec 75 g. de sucre, délayer avec le lait chaud. Couvrir, cuire 1 minute à puissance maxi. Fouetter, couvrir, cuire 30 secondes à puissance maxi. Fouetter, laisser tiédir.

Ajouter alors la liqueur et avant de servir incorporer délicatement la crème fleurette fouettée en chantilly avec 25 g. de sucre.

Crème au café

Pour 4 personnes

Prép. : 3 min. - Ut. : 4 min.

Ingrédients :
1/4 lit. de lait ou 1/8 de lait + 1/8 de crème
4 jaunes d'œufs
1 cuillerée à café de café soluble
75 g. de sucre.

Mettre le lait dans un saladier, ne pas couvrir.

Cuire 2 minutes à puissance maxi.

Battre au fouet électrique le sucre et les jaunes d'œufs jusqu'à ce que le mélange soit mousseux.

Délayer l'extrait de café avec le lait chaud et verser ce mélange sur les jaunes d'œufs. Mettre le tout dans le saladier. Couvrir, cuire 1 minute à puissance maxi. Fouetter, cuire à nouveau 1 minute, fouetter. Laisser reposer puis mettre au froid.

Selon la grosseur des jaunes d'œufs, on peut être amené à cuire 1 minute de plus mais il faut alors le faire à puissance moyenne par fractions de 30 secondes.

✕ ○

Crème au chocolat

Pour 4 personnes

Ingrédients :
75 g. de chocolat
1/4 lit. de lait
50 g. de sucre
3 œufs
1 dl. de whisky
50 g. de raisins secs.

Prép. : 3 min. - Ut. : 8 min.

Mettre dans un saladier le chocolat en morceaux et 2 cuillerées à soupe de lait. Couvrir, cuire 2 minutes à puissance maxi. Mélanger et délayer avec le lait restant. Couvrir, cuire 2 minutes à puissance maxi.

Battre au fouet électrique le sucre avec 1 œuf entier et 2 jaunes. Délayer avec le mélange lait-chocolat. Couvrir, cuire 1 minute 30 à puissance maxi. Fouetter énergiquement, laisser tiédir. La crème doit avoir épaissi sinon cuire à nouveau 1 minute.

Mettre dans un bol les raisins et le whisky. Couvrir, cuire 2 minutes à puissance maxi. Attendre 2 minutes et incorporer le tout à la crème.

Mettre au réfrigérateur au moins 3 heures avant de servir.

On peut éventuellement battre en neige les 2 blancs restants et les incorporer à la crème en même temps que les raisins.

Il est conseillé, si cette crème doit être consommée par des enfants, de remplacer le whisky par du jus d'orange.

Crème au sauternes

Pour 4 personnes

Prép. : 3 min. - Ut. : 8 min.

Ingrédients :
1/4 lit. de sauternes
50 g. de sucre
6 jaunes d'œufs
Parfum au choix : un zeste d'orange ou un petit morceau de gousse de vanille.

Mettre le sauternes et le parfum choisi dans un saladier, couvrir, cuire 2 minutes à puissance maxi.

Battre au fouet électrique les jaunes d'œufs et le sucre jusqu'à ce que le mélange soit blanc et mousseux.

Délayer avec le vin chaud. Répartir dans les ramequins.

Couvrir, cuire 3 minutes à puissance mini, attendre 2 minutes, cuire 2 minutes à puissance moyenne. Vérifier la cuisson : le centre du ramequin doit offrir une légère résistance à la pression du doigt ; à défaut, prolonger la cuisson par fragments de 30 secondes.

Pour 6 personnes

Ingrédients :
1/4 lit. de crème fleurette
1/4 lit. de lait
6 jaunes d'œufs
2 œufs entiers
150 g. de sucre en poudre
2 cuillerées à soupe de thé au jasmin.

Crème au thé au jasmin

Prép. : 3 min. - Ut. : 14 min.

Mettre le thé et le lait dans un grand saladier, couvrir, cuire 5 minutes à puissance moyenne. Laisser reposer 1 heure. Passer le lait au tamis, ajouter la crème fleurette, verser dans un saladier. Ne pas couvrir, cuire 3 minutes à puissance maxi.

Battre au fouet les œufs, les jaunes et le sucre jusqu'à ce que le mélange soit blanc et mousseux, délayer avec le mélange lait-crème. Verser dans des ramequins, couvrir, cuire 2 minutes à puissance mini. Attendre 3 minutes, couvrir, cuire 2 minutes à puissance mini.

Vérifier la cuisson en touchant au centre, qui doit offrir une légère résistance.

Crème aux épices

Pour 6 personnes

Ingrédients :
1/4 lit. de crème fleurette
1/4 lit. de lait
6 jaunes d'œufs
150 g. de sucre
1 bâton de cannelle
1 gousse de vanille
3 grains de poivre de Jamaïque.

Prép. : 5 min. une heure à l'avance - Ut. : 11 min.

Faire infuser 1 heure les épices dans le lait chaud, passer au tamis.

Délayer le sucre dans le lait, ajouter la crème, couvrir, cuire 3 minutes à puissance maxi.

Fouetter les jaunes d'œufs. Délayer avec le mélange lait-crème. Remplir de petits ramequins. Couvrir, cuire 2 minutes à puissance mini. Attendre 3 minutes, cuire 2 minutes à couvert à puissance mini.

Vérifier la cuisson en touchant au milieu d'un ramequin : on doit sentir une légère résistance à la pression. Cuire éventuellement 2 minutes de plus par fractions de 30 secondes à puissance mini.

Crème aux pistaches

Pour 6 personnes

Ingrédients :
100 g. de pistaches
1/4 lit. de lait
1/4 lit. de crème
1 œuf entier
6 jaunes
150 g. de sucre.

Prép. : 5 min. - Ut. : 8 min.

Mixer les pistaches, les mettre avec le lait dans un saladier, couvrir, cuire 3 minutes à puissance maxi. Laisser reposer 5 minutes.

Battre au fouet électrique les jaunes d'œufs, l'œuf et le sucre, délayer avec la crème, ajouter le lait passé au tamis.

Verser le tout dans un saladier, couvrir, cuire 1 minute 30 à puissance maxi. Fouetter, cuire à nouveau 1 minute à couvert, à puissance maxi. Fouetter, cuire 1 à 2 minutes à couvert à puissance moyenne selon la taille des œufs.

Fouetter, laisser refroidir.

Cette crème est délicieuse avec un fondant au chocolat *(p. 74)*.

✕ ○

Pour 4 personnes

Ingrédients :
Crème anglaise à la vanille préparée avec 4 jaunes d'œufs
4 blancs d'œufs
1 pincée de sel
25 g. de sucre en poudre
50 g. de sucre glace
Caramel liquide (facultatif).

Oeufs à la neige

Prép. : 5 min. - Ut. : 1 min. 30.

Battre les blancs en neige avec le sel. Quand ils commencent à mousser, ajouter 25 g. de sucre en poudre. Continuer à battre jusqu'à ce qu'ils soient parfaitement fermes. Incorporer alors le sucre glace.

Mettre 1 centimètre d'eau au fond d'un plat, couvrir, cuire 2 minutes à puissance maxi.

Disposer sur cette eau de grosses boules de blancs d'œufs. Couvrir, cuire 30 secondes à puissance maxi. Retourner les boules, cuire encore 20 secondes à couvert. Egoutter, disposer sur la crème. On peut alors arroser de caramel liquide.

✕ ○

Pour 6 personnes

Ingrédients :
3 œufs
125 g. de sucre
2 dl. de crème fleurette
1 cuillerée à soupe rase de fécule
1 grosse cuillerée à soupe de café soluble.

Mousse au café

Prép. : 5 min. - Ut. : 5 min.

Battre au fouet électrique les jaunes d'œufs et le sucre. Délayer le café soluble avec 1/2 dl. de crème fleurette. Incorporer dans les œufs la fécule puis la crème au café. Couvrir, cuire 3 minutes à puissance moyenne. Fouetter, cuire encore 2 minutes à couvert à puissance moyenne. Fouetter, laisser refroidir.

Fouetter le reste de crème en chantilly, l'incorporer au mélange précédent. Répartir dans des coupes, mettre au froid au moins 3 heures avant de servir.

On peut remplacer l'extrait de café par 100 g. de chocolat noir cuit à couvert 5 minutes à puissance mini.

Mousse au citron vert

Pour 4 personnes

Ingrédients :
3 œufs
4 citrons verts
100 g. de sucre
15 g. de fécule de pommes de terre
40 g. de beurre de très bonne qualité.

Prép. : 20 min. - Ut. : 7 min. 30.

Mettre les citrons sur le plateau du four à micro-ondes. Couvrir, cuire 30 secondes à puissance maxi. Attendre 3 minutes, presser les citrons.

Battre le sucre et les jaunes d'œufs 3 minutes. Incorporer la fécule délayée avec le jus des citrons.

Couvrir, cuire 4 minutes à puissance mini. Fouetter énergiquement, cuire 1 minute 30 même puissance.

Couper le beurre en petits dés. L'incorporer à la crème obtenue. Laisser tiédir.

Monter les blancs d'œufs en neige très ferme. Les mélanger délicatement à la crème. Répartir dans des coupes, mettre au froid au moins 3 heures avant de servir..

Pour raffiner ce dessert, on peut couper les écorces de citron en fine julienne et les ébouillanter deux fois 3 minutes puis les confire 10 minutes dans du sirop de sucre. Après les avoir égouttés, les répartir sur les coupes.

✕ ○

Pour 6 personnes

Ingrédients :
600 g. d'abricots
1 orange
1/4 lit. de crème fleurette
4 feuilles de gélatine
120 g. de sucre.

Mousse d'abricots

Prép. : 15 min. - Ut. : 4 min.

Dénoyauter les abricots, les laisser macérer avec le sucre pendant 1 heure, ajouter le jus de l'orange. Couvrir, cuire 2 minutes à puissance maxi. Mélanger, cuire à nouveau 2 minutes à couvert.

Mixer longuement le tout pour obtenir un mélange homogène. Incorporer au mélange encore chaud la gélatine préalablement trempée à l'eau froide.

Laisser tiédir, ajouter la crème fouettée.

Répartir dans des coupes, mettre au réfrigérateur au moins 3 heures avant de servir.

✕ ○

Pour 6 personnes

Ingrédients :
1/2 boîte de pêches au sirop
1/2 boîte d'abricots au sirop
1/2 boîte de cerises au sirop
1 dl. 1/2 de lait
1 dl. 1/2 de crème fleurette
100 g. de sucre
3 jaunes d'œufs
2 œufs entiers
25 g. de beurre.

Flan aux fruits

Prép. : 10 min. - Ut. : 8 min.

Egoutter tous les fruits, les couper en dés, les mettre quelques minutes sur du papier absorbant pour les sécher.

Beurrer un plat rond, disposer les dés de fruits dans ce plat. Battre au fouet électrique les œufs, les jaunes et le sucre. Délayer avec le lait et la crème.

Verser le mélange sur les fruits. Couvrir, cuire 8 minutes à puissance mini. Vérifier la cuisson : au centre du plat, on doit sentir une légère résistance à la pression du doigt. Eventuellement, prolonger la cuisson de 2 minutes par fractions de 30 secondes.

On peut ajouter dans la crème 1 cuillerée à soupe de l'alcool de son choix et varier le choix des fruits au sirop.

Flan à l'orange

Pour 4 personnes

Prép. : 10 min. - Ut. : 6 min.

Ingrédients :
6 oranges
2 citrons
200 g. de sucre
50 g. de maïzena
25 cl. de crème fraîche.

Presser le jus des fruits. Mettre dans un saladier avec le sucre, couvrir, cuire 3 minutes à puissance maxi.

Délayer la maïzena avec 2 cuillerées à soupe d'eau.

Ajouter le jus des fruits, couvrir, cuire 3 minutes à puissance maxi. Fouetter vivement, verser dans un moule humide, mettre au réfrigérateur 5 heures. Démouler, garnir avec la crème montée en chantilly. Servir très froid.

On peut décorer avec les zestes des oranges coupés en fine julienne et cuits 5 minutes dans du sirop de sucre, à puissance maxi, à couvert.

Les desserts aux fruits

Il faut toujours choisir des fruits de première qualité. La cuisson au four à micro-ondes exaltant les saveurs, on aura un résultat extraordinaire.

- Il est préférable de citronner après épluchage les fruits type pomme, poire, banane.

- Les compotes auront beaucoup de succès si vous mélangez toutes sortes de fruits de saison.

- Il est préférable de sucrer au minimum, sur le plan diététique mais aussi pour respecter le goût des fruits employés.

Assiette de fruits en sauce d'orange

Pour 4 personnes

Ingrédients :
1 kg. de fruits de saison assortis
2 dl. de jus d'orange
1 dl. de jus de citron
2 jaunes d'œufs
50 g. de sucre.

Prép. : 5 min. - Ut. : 7 min.

Verser les jus de fruits dans un bol. Couvrir, cuire 2 minutes à puissance maxi.

Battre au fouet électrique les jaunes d'œufs et le sucre pendant 5 minutes. Incorporer en fouettant les jus de fruits chauds. Couvrir, cuire 2 minutes 30 à puissance mini. Fouetter 1 minute. Cuire à nouveau 1 minute 30 à puissance moyenne. Fouetter 3 minutes.

Conserver au réfrigérateur. Napper les assiettes de cette crème et disposer par-dessus l'assortiment de fruits découpés en fines lamelles.

Penser à faire tremper dans du jus de citron les lamelles de fruits qui pourraient noircir.

Salade de fruits exotiques à la crème de mangue

Pour 6 personnes

Prép. : 20 min. - Ut. : 5 min.

Ingrédients :
750 g. de fruits exotiques assortis épluchés et coupés
3 dl. de jus de mangue
150 g. de sucre semoule
2 dl. de crème fleurette
6 gros jaunes d'œufs
20 g. de maïzena.

Battre au fouet électrique les jaunes d'œufs et le sucre.

Cuire dans un saladier le jus de mangue et la crème fleurette 3 minutes à puissance maxi sans couvrir.

Ajouter la maïzena aux jaunes d'œufs, délayer avec le jus de fruits chaud. Remettre le tout dans le saladier. Couvrir, cuire 2 minutes à puissance maxi. Fouetter, on doit obtenir une crème assez épaisse, sinon recuire par fractions de 30 secondes.

Répartir les fruits sur des assiettes à dessert, arroser de crème, mettre au froid.

Il est agréable de mélanger au maximum les fruits exotiques : papaye, mangoustan, litchis, ananas, maracuja, etc.

Bananes flambées

Pour 4 personnes

Prép. : 3 min. - Ut. : 8 min.

Ingrédients :
4 bananes
50 g. de beurre
1 cuillerée à soupe de sucre vanillé
2 cuillerées à soupe de cassonade
1 dl. de rhum.

Préchauffer 5 minutes le plat brunisseur. Ajouter le beurre et les bananes épluchées. Couvrir, cuire 1 minute 30 à puissance maxi. Ajouter le sucre vanillé et la cassonade, ne pas couvrir, cuire 1 minute 30 à puissance maxi.

Arroser avec le rhum, flamber.

Servir éventuellement avec 1 boule de glace à la vanille.

Pêches à la verveine

Pour 4 personnes

Ingrédients :
8 pêches
1 sachet de verveine
1/4 lit. de sirop de sucre
8 feuilles fraîches de verveine.

Prép. : 3 min. - Ut. : 10 min.

Mettre les pêches sur le plateau du four après les avoir piquées avec une fourchette.

Couvrir, cuire 1 minute à puissance maxi. Attendre 5 minutes, éplucher.

Mettre dans un bol 1/4 lit. d'eau et le sachet de verveine. Couvrir, cuire 4 minutes à puissance maxi.

Mettre les pêches dans l'infusion de verveine, après en avoir retiré le sachet, additionnée du sirop de sucre. Ne pas couvrir, cuire 5 minutes à puissance maxi.

Garnir chaque pêche d'une feuille de verveine fraîche.

Servir très froid.

On peut remplacer la verveine par de la menthe.

Poires à la sauce au caramel

Pour 6 personnes

Ingrédients :
6 poires pochées
("Poires sauce chocolat" p. 32)
6 boules de glace vanille
Sauce :
10 caramels mous
1 dl. de crème fraîche
Facultatif :
1 cuillerée à café de whisky.

Prép. : 3 min. - Ut. : 5 min.

Mettre les ingrédients de la sauce dans un bol, ne pas couvrir, cuire 3 minutes à puissance maxi. Mélanger avec soin, cuire encore 2 minutes sans couvrir, à puissance maxi.

Battre pour obtenir un mélange homogène. Si le résultat est trop épais pour l'utilisation prévue, ajouter un peu de crème liquide en plus.

Disposer les poires pochées et les boules de glace sur des assiettes à dessert, napper de sauce au caramel.

✕ ○

Pour 4 personnes

Ingrédients :
1/2 lit. de vin rouge
4 poires
115 g. de sucre
2 morceaux d'écorce d'orange
1 morceau de bâton de cannelle
1/2 cuillerée à café de poivre rose lyophilisé.

Poires au vin

Prép. : 5 min. - Ut. : 23 min.

Choisir un plat haut, suffisamment large pour y mettre les poires côte à côte.

Verser le vin, ajouter le sucre, l'écorce d'orange et la cannelle. Faire cuire sans couvrir 5 minutes à puissance maxi.

Eplucher les poires en laissant le pédoncule et les mettre dans le vin. Couvrir et faire cuire 10 minutes à puissance maxi (pour des poires pesant à peu près 200 g.).

Oter les poires du plat (on peut, si l'on veut, en pocher d'autres dans le même vin).

Ajouter le poivre et faire cuire 8 minutes sans couvrir, à puissance maxi.

Remettre les poires dans le vin.

On peut faire cuire les poires dans du vin blanc. Il faut alors supprimer la cannelle et la remplacer par 1 cuillerée à soupe de grand-marnier.

Poires sauce chocolat

Pour 6 personnes

Ingrédients :
6 poires
50 g. de sucre en poudre
125 g. de chocolat
10 cl. de crème fraîche.

Prép. : 5 min. - Ut. : 13 min. - Repos : 3 min.

Eplucher les poires en leur laissant le pédoncule. Les disposer sur un plat et les saupoudrer de sucre en poudre. Couvrir et faire cuire 8 minutes à puissance maxi. Laisser refroidir. Mettre au réfrigérateur.

Mettre dans un bol la crème, le chocolat et 2 cuillerées à soupe de jus de poire. Faire cuire à couvert 5 minutes à puissance moyenne.

Fouetter et servir chaud avec les poires glacées.

Pommes au four

Pour 4 personnes

Ingrédients :
8 pommes
3 oranges non traitées
100 g. de raisins secs
2 cuillerées à soupe de rhum
150 g. de sucre en morceaux
75 g. de beurre.

Prép. : 15 min. - Ut. : 10 min.

Eplucher et vider les pommes avec un vide-pommes, leur faire une incision circulaire sur tout le pourtour pour éviter qu'elles n'éclatent. Beurrer un plat, disposer les pommes sur le beurre. Couvrir, cuire 5 minutes en position moyenne.

Mélanger 50 g. de beurre bien froid aux raisins secs, répartir au fond de chaque pomme.

Frotter les morceaux de sucre sur les oranges bien lavées pour les imprégner du zeste, les mettre autour et sur les pommes.

Arroser avec le jus des oranges. Ne pas couvrir, cuire 5 minutes à puissance maxi. Poser les pommes sur un plat.

Bien mélanger le rhum avec le sucre du fond du plat. Arroser les pommes, laisser tiédir.

✕ ꝏ

Pruneaux au porto

Pour 6 personnes

Prép. : 3 min. - Ut. : 8 min.

Ingrédients :
500 g. de pruneaux
1/2 bouteille de vin rouge
1/2 bouteille de porto
200 g. de sucre
1 gousse de vanille.

Couvrir les pruneaux de vin rouge dans un saladier. Ajouter le sucre et la gousse de vanille entière. Couvrir, cuire 8 minutes à puissance moyenne. Ajouter le porto. Laisser refroidir. Mettre au frais.

Servir avec un pot de crème fraîche épaisse ou des oranges coupées en quartiers.

✕ ○

Pruneaux au thé aux oranges

Pour 6 personnes

Prép. : 5 min. - Ut. : 8 min.

Ingrédients :
1 cuillerée à soupe de thé à l'orange
500 g. de pruneaux
3 oranges non traitées
150 g. de sucre.

Mettre les pruneaux dans un saladier, les couvrir largement d'eau, ajouter le thé dans un petit nouet de mousseline et le sucre. Couvrir, cuire 5 minutes à puissance moyenne.

Couper les oranges bien lavées en cubes sans les éplucher, ajouter aux pruneaux. Bien mélanger. Cuire 3 minutes à puissance maxi.

Servir très frais.

Compote de fruits d'été

Pour 4 personnes

Ingrédients :
2 pêches blanches
2 pêches jaunes
6 abricots
100 g. de framboises
100 g. de groseilles
100 g. de fraises des bois
100 g. de sucre
1 citron vert
2 dl. d'eau.

Prép. : 5 min. - Ut. : 10 min.

Mettre dans un saladier le sucre et l'eau. Bien mélanger, couvrir, cuire 5 minutes à puissance maxi.

Piquer les pêches blanches, mettre sur le plateau du four 3 minutes à puissance maxi sans couvrir, les éplucher, les couper en quartiers.

Eplucher les pêches jaunes, les couper en quartiers.

Dénoyauter les abricots.

Mettre ces trois types de fruits dans le sirop. Couvrir, cuire 4 minutes à puissance maxi. Ajouter le jus de citron vert, les fruits rouges, laisser refroidir.

Compote de fruits d'hiver

Pour 4 personnes

Prép. : 5 min. - Ut. : 16 min.

Ingrédients :
8 pruneaux
8 dattes
8 cerneaux de noix
2 pommes
2 poires
100 g. de raisins secs
5 cl. de rhum
1 bâton de cannelle
100 g. de sucre + 25 g.
3 dl. d'eau.

Mettre dans un saladier 100 g. de sucre et l'eau. Bien mélanger, ajouter la cannelle, couvrir, cuire 5 minutes à puissance maxi. Retirer le bâton de cannelle.

Mettre dans le sirop les pruneaux, les dattes dénoyautées et les raisins secs. Faire cuire 3 minutes à couvert. Ajouter les pommes et les poires épluchées et coupées en quartiers. Couvrir, cuire 5 minutes à puissance maxi.

Sur une assiette, disposer les cerneaux de noix, les saupoudrer avec 25 g. de sucre. Arroser de rhum. Ne pas couvrir, cuire 2 à 3 minutes à puissance maxi. Verser le tout dans la compote. Servir très frais.

✕ ○

Compote de pêches au vin

Pour 4 personnes

Ingrédients :
8 pêches
1/2 lit. de vin rouge
1 gousse de vanille
100 g. de sucre
1 pincée de cannelle.

Prép. : 10 min. - Ut. : 9 min.

Mettre les pêches sur un plat après les avoir piquées avec une fourchette. Ne pas couvrir, cuire 1 minute à puissance maxi. Attendre 5 minutes, les éplucher.

Pendant ce temps, mettre dans un saladier le vin, le sucre, la cannelle, la vanille. Ne pas couvrir, cuire 5 minutes à puissance maxi.

Couper les pêches en quartiers, les ajouter au vin, couvrir, cuire 3 minutes à puissance maxi.

Laisser reposer. Mettre au froid.

On peut ne pas faire cuire les pêches dans le vin et les y mettre simplement à macérer.

✕ ○

Pour 6 personnes

Ingrédients :
1 kg. de pommes
Le zeste d'1/2 citron râpé
1/20 lit. d'eau
75 g. de sucre.

Compote de pommes

Prép. : 5 min. - Ut. : 6 min. - Repos : 2 min.

Eplucher, couper et épépiner les pommes, les mettre dans un saladier avec le zeste de citron, l'eau et le sucre. Couvrir et faire cuire à puissance maxi 6 minutes.

On peut passer la compote au mixer pour qu'elle soit plus lisse.

Le zeste de citron peut être remplacé par 1/2 gousse de vanille, 1 zeste d'orange ou 1 pincée de cannelle.

✕ ○

Compote de quetsches

Pour 6 personnes

Ingrédients :
1 kg. de quetsches
10 cl. de vin blanc
3 clous de girofle
200 g. de sucre.

Prép. : 10 min. - Ut. : 10 min.

Dénoyauter les quetsches, les mettre dans un récipient avec le vin et les têtes des clous de girofle. Cuire 5 minutes à couvert, puissance maxi.

Ajouter le sucre, mélanger, cuire sans couvrir 5 minutes à puissance maxi.

Compote de rhubarbe

Pour 4 personnes

Ingrédients :
500 g. de rhubarbe
125 g. de sucre
1 orange.

Prép. : 10 min. - Ut. : 7 min.

Eplucher la rhubarbe, la couper en tronçons, mettre dans un saladier avec 2 cuillerées à soupe d'eau. Couvrir, cuire 2 minutes à puissance maxi.

Ajouter et mélanger le sucre à la rhubarbe. Couvrir, cuire 4 minutes à puissance maxi. S'assurer de la cuisson, éventuellement la prolonger d'1 ou 2 minutes. Arroser avec le jus d'orange.

Les charlottes

Chacun de nous a en mémoire les charlottes de son enfance ; le micro-ondes offre deux possibilités pour réaliser ce dessert. Soit les charlottes doivent être cuites après garnissage, soit elles sont remplies d'une crème chaude qui durçit en refroidissant. Cette même crème peut être employée sans fond de biscuits ou de pain, moulée dans un moule huilé et refroidie, c'est le principe même du bavarois.

Charlotte au café

Pour 6 personnes

Prép. : 10 min. - Ut. : 12 min.

Ingrédients :
18 biscuits cuillers
1 tasse de café très fort
1 cuillerée à soupe d'extrait de café
1/4 lit. de lait
1/4 lit. de crème fleurette
4 œufs entiers + 2 jaunes
30 g. de maïzena
150 g. de sucre
20 g. de beurre.

Beurrer un moule à charlotte. Tremper les biscuits dans le café coupé de deux fois son volume d'eau. Garnir le fond du moule en rosace et les parois. Mettre dans un grand saladier le lait et la crème, ne pas couvrir; cuire 5 minutes à puissance maxi.

Battre au fouet électrique les œufs et le sucre, incorporer l'extrait de café et la maïzena délayer avec le mélange lait/crème. Remettre dans le saladier, ne pas couvrir, cuire 2 minutes à puissance maxi. Fouetter. Verser dans le moule garni de biscuits, couvrir, cuire 5 minutes à puissance moyenne. Laisser reposer. Mettre au froid au moins 3 heures avant de servir.

On peut également mettre dans la crème des morceaux des biscuits supplémentaires pour avoir un dessert plus consistant.

Délicieux accompagné de crème anglaise à la vanille (p. 117).

Charlotte au grand-marnier

Pour 8 personnes

Prép. : 20 min. - Ut. : 5 min.

Ingrédients :

24 biscuits cuillers
150 g. de sucre en poudre
1/4 lit. de lait
1/2 lit. de crème fraîche
1 dl. de grand-marnier
6 feuilles de gélatine
6 jaunes d'œufs.

Préparer une assiette d'eau. La parfumer avec la moitié du grand-marnier. Tremper les biscuits un à un dans ce mélange et en garnir le fond et les parois d'un moule beurré.

Mettre dans un saladier le lait et 1/8 de crème fraîche, ne pas couvrir, cuire 3 minutes à puissance maxi.

Pendant ce temps, battre au fouet électrique les jaunes d'œufs et le sucre, les délayer avec le lait chaud. Cuire sans couvrir 2 minutes à puissance maxi, fouetter, le mélange doit être épais, sinon cuire à nouveau par fractions de 30 secondes.

Tremper les feuilles de gélatine à l'eau froide, les incorporer à la crème (éventuellement passer au tamis). Laisser tiédir. Incorporer alors le grand-marnier et le reste de crème fouettée en chantilly. Verser ce mélange dans le moule. Mettre dans le réfrigérateur au moins 6 heures avant de servir. Tremper le moule dans l'eau froide pour le démouler.

Garnir selon son goût.

XX O

Charlotte au pamplemousse

Pour 6 personnes

Ingrédients :
18 biscuits cuillers
2 pamplemousses roses
1/4 lit. de lait
1/2 lit. de crème fleurette
150 g. de sucre
1 petit verre de grand-marnier
6 feuilles de gélatine
6 jaunes d'œufs
20 g. de beurre.

Prép. : 10 min. - Ut. : 5 min.

Presser le jus des pamplemousses. Beurrer le moule à charlotte. Tremper les biscuits dans le jus de pamplemousse, en garnir le fond et les parois du moule.

Faire tremper la gélatine dans un bol d'eau froide.

Chauffer le lait et 1/4 lit. de crème, sans couvrir, 4 minutes à puissance maxi dans un grand récipient.

Battre les jaunes d'œufs et le sucre 4 minutes au fouet électrique, délayer avec le lait chaud, verser dans le saladier. Ne pas couvrir, cuire 3 minutes à puissance moyenne. Battre 2 minutes au fouet électrique, cuire à nouveau 2 minutes sans couvrir, à puissance moyenne.

Incorporer la gélatine égouttée, mélanger soigneusement, ajouter le grand-marnier. Laisser refroidir.

Battre en chantilly la crème restante, incorporer à la crème au grand-marnier. Garnir le moule, conserver au moins 12 heures au réfrigérateur avant de servir.

On peut raffiner la préparation en ajoutant à la crème des dés de pamplemousses confits et en arrosant la charlotte démoulée d'un sirop de sucre parfumé au grand-marnier.

Charlotte aux framboises

Pour 6 personnes

Ingrédients :
500 g. de framboises
18 biscuits à la cuillère
1/4 lit. de crème fraîche
200 g. de sucre
5 jaunes d'œufs
5 feuilles de gélatine
1 dl. de liqueur de framboise
25 g. de beurre.

Prép. : 15 min. - Ut. : 5 min.

Beurrer un moule à charlotte. Remplir une assiette creuse d'eau, ajouter la liqueur de framboise. Tremper un à un les biscuits dans ce mélange, garnir le fond et les parois du moule.

Mixer les framboises avec 100 g. de sucre, passer au tamis. Couvrir, cuire 3 minutes à puissance maxi.

Pendant ce temps, battre les jaunes d'œufs avec 50 g. de sucre, délayer avec le coulis de framboises chaud.

Couvrir, cuire 2 minutes à puissance moyenne, fouetter, ajouter les feuilles de gélatine trempées à l'eau froide.

Battre la crème en chantilly en y incorporant 50 g. de sucre ; l'ajouter aux framboises quand le mélange est presque froid.

Remplir le moule à charlotte avec cette crème. Mettre au réfrigérateur au moins 3 heures avant de servir.

Charlotte aux fruits exotiques

Pour 6 personnes

Ingrédients :
2 mangues
4 kiwis
8 fruits de la passion
18 biscuits à la cuillère
5 jaunes d'œufs
5 feuilles de gélatine
150 g. de sucre glace
1/4 lit. de crème fleurette
25 g. de beurre.

Prép. : 10 min. - Ut. : 5 min.

Fendre les fruits de la passion, les évider, passer la chair au tamis, réserver.

Délayer la moitié avec de l'eau jusqu'à obtenir la valeur d'une assiette à soupe. Beurrer fortement un moule, le garnir avec les biscuits trempés dans le jus de fruits de la passion.

Mixer les mangues, ajouter le sucre, le reste de jus de fruits de la passion et les jaunes d'œufs. Mettre dans un saladier, cuire 3 minutes à couvert, à puissance moyenne. Fouetter, cuire à nouveau 1 à 2 minutes. Battre, incorporer les feuilles de gélatine ramollies à l'eau froide, laisser refroidir ; éventuellement passer au tamis.

Monter la crème en chantilly et la mélanger à la crème de fruits.

Eplucher les kiwis, les couper en rondelles, remplir le moule en alternant crème et rondelles de kiwis. Mettre au froid au moins 3 heures avant de servir.

✕✕ ○

Pour 6 personnes

Ingrédients :
15 tranches de pain de mie
50 g. de beurre
1 kg. de pommes vertes
1 dl. de calvados
100 g. de sucre
1 citron
2 cuillerées à soupe de gélatine en poudre.

Charlotte aux pommes

Prép. : 25 min. - Ut. : 11 min.

Beurrer les tranches de pain de mie, les faire dorer sous un gril. Beurrer un moule à charlotte. Garnir le fond et les parois avec les tranches de pain en les faisant se chevaucher.

Dans un saladier, mettre les pommes épluchées, frottées au citron et coupées en fines lamelles, saupoudrer de sucre, ajouter le calvados. Couvrir, cuire 5 minutes à puissance maxi. Mélanger soigneusement. Couvrir, cuire 3 minutes à puissance maxi.

Faire fondre la gélatine trempée à l'eau froide dans les pommes, mixer le tout, verser dans le moule, recouvrir de pain. Couvrir, cuire 3 minutes à puissance maxi, laisser reposer. Cuire 3 minutes à puissance mini.

Peut se servir chaud ou froid accompagné alors d'une crème anglaise *(p. 117).*

Les clafoutis

On peut utiliser pour faire des clafoutis au four à micro-ondes toutes sortes de fruits ou de mélanges de fruits.

- Se méfier des fruits qui rendent beaucoup d'eau, augmenter alors légèrement les proportions de farine et d'œufs.

- Il est toujours préférable de caraméliser d'abord les fruits au beurre et au sucre dans un plat brunisseur.

- On peut utiliser ces mêmes préparations pour garnir des fonds de tartes.

Clafoutis à l'ananas

Pour 6personnes

Ingrédients :
1 boîte 4/4 d'ananas en morceaux
125 g. de farine
1/2 cuillerée à café de levure en poudre
3 œufs
2 dl. de crème fleurette
100 g. de sucre
25 g. de beurre.

Prép. : 5 min. - Ut. : 15 min.

Egoutter les morceaux d'ananas. Mettre dans un saladier 75 g. de sucre et 2 cuillerées à soupe d'eau. Ne pas couvrir, cuire à puissance maxi jusqu'à obtenir un caramel (3 à 5 minutes selon le diamètre du plat).

Ajouter les morceaux d'ananas. Tourner.

Beurrer un plat peu profond.

Battre les œufs et 25 g. de sucre, ajouter la farine tamisée avec la levure et délayer avec la crème fleurette jusqu'à obtenir une pâte à crêpes épaisse.

Réchauffer 1 minute à couvert à puissance maxi, les morceaux d'ananas caramélisés puis les ajouter à la pâte.

Verser le tout dans le plat . Cuire 7 minutes à couvert à puissance maxi, puis ôter le couvercle. Cuire encore 3 minutes à puissance maxi.

Facultatif : on peut alors saupoudrer de sucre et faire caraméliser sous le gril d'un four normal.

Clafoutis aux bananes

Pour 6 personnes

Prép. : 10 min. - Ut. : 18 min.

Ingrédients :
6 bananes
100 g. de farine
1/2 cuillerée à café de levure
3 œufs
50 g. de sucre
1 cuillerée à soupe de rhum
2 dl. de crème fleurette
75 g. de beurre.

Chauffer le plat brunisseur 7 minutes. Eplucher les bananes, les couper en rondelles épaisses.

Mettre dans le plat brunisseur 50 g. de beurre et les rondelles de bananes. Ne pas couvrir, cuire 2 minutes à puissance maxi. Mélanger délicatement beurre et bananes.

Préparer la pâte en fouettant les œufs et le sucre. Incorporer la farine tamisée avec la levure. Ajouter le rhum et délayer avec la crème fleurette pour obtenir une pâte à crêpes épaisse.

Verser sur les bananes. Couvrir, cuire 6 minutes à puissance maxi.

Oter le couvercle. Cuire 3 minutes à puissance maxi.

On peut saupoudrer de sucre cristallisé et passer sous le gril d'un four traditionnel jusqu'à caramélisation.

On peut aussi ajouter dans la pâte un zeste de citron râpé.

Clafoutis aux cerises

Pour 6 personnes

Prép. : 15 min. - Ut. : 20 min. - Repos : 2 min.

Ingrédients :
500 g. de cerises
3 œufs
100 g. de farine + 50 g. de maïzena
1,5 dl. de crème fraîche
1/2 c. à soupe de kirsch
Beurre
100 g. de sucre cristallisé.

Equeuter les cerises et les mettre sans les dénoyauter dans un moule beurré.

Mélanger les œufs, la farine et la maïzena, délayer avec le kirsch et la crème fraîche, verser sur les cerises, ne pas couvrir. Cuire 10 minutes à puissance moyenne.

Saupoudrer de sucre, cuire sans couvrir 5 minutes à puissance maxi.

On peut passer sous la sole d'un four normal pour faire dorer.

Clafoutis aux pommes

Pour 6 personnes

Ingrédients :
10 pommes
120 g. de beurre
125 g. de farine
3 œufs
50 g. de sucre
2 dl. de crème fleurette
1 citron
1 pincée de sel
2 cuillerées à soupe de caramel liquide.

Prép. : 10 min. - Ut. : 24 min.

Eplucher les pommes, les couper en tranches fines. Faire fondre 2 minutes le beurre au four à micro-ondes à puissance moyenne, le verser sur les pommes, bien mélanger le tout.

Faire chauffer 6 minutes le plat brunisseur, ajouter les pommes au beurre, cuire sans couvrir 3 minutes à puissance maxi. Tourner les pommes, cuire encore 2 minutes sans couvrir à puissance maxi.

Mélanger la farine, le sucre, le sel, les œufs, la crème fraîche et le zeste du citron râpé finement.

Verser sur les pommes. Couvrir, cuire 8 minutes à puissance moyenne puis 3 minutes à même puissance, sans couvercle.

Décorer avec quelques filets de caramel.

On peut aussi saupoudrer de sucre cristallisé et passer le clafoutis sous le gril d'un four normal pour le faire caraméliser.

On peut faire un ***clafoutis aux poires*** *en procédant pareillement.*

Clafoutis aux pruneaux

Pour 6 personnes

Ingrédients :
400 g. de pruneaux
1 sachet de thé de Ceylan
1 bâton de cannelle
125 g. de farine
1/2 cuillerée à café de levure
3 œufs
50 g. de sucre
25 g. de beurre
2 dl. de crème fleurette.

Prép. : 10 min. - Ut. : 19 min.

Mettre les pruneaux dans un saladier avec le sachet de thé et le bâton de cannelle. Couvrir largement d'eau. Couvrir le saladier. Cuire 10 minutes à puissance mini. Oter le sachet de thé et la cannelle, égoutter les pruneaux.

Fouetter les œufs et le sucre, incorporer la farine tamisée avec la levure. Délayer avec la crème fleurette jusqu'à consistance d'une pâte à crêpes épaisse.

Beurrer un moule peu profond, répartir les pruneaux. Verser la pâte sur les pruneaux. Cuire 6 minutes à couvert à puissance maxi, ôter le couvercle. Cuire encore 3 minutes à puissance maxi.

On peut, pour une meilleure présentation, saupoudrer de sucre après la cuisson et passer sous le gril du four.

Clafoutis d'automne

Pour 6 personnes

Ingrédients :
1 grappe de raisin noir
1 grappe de raisin blanc
150 g. de cerneaux de noix
2 pommes reinettes
50 g. de beurre
1/4 lit. de crème fleurette
3 ou 4 œufs selon grosseur
75 g. de farine
1 pincée de sel
100 g. de sucre.

Prép. : 15 min. - Ut. : 9 min.

Egrapper les raisins. Eplucher les pommes, les couper en dés. Beurrer un moule. Poêler au beurre les dés de pommes et les cerneaux de noix. Quand ils commencent à être dorés, saupoudrer de 50 g. de sucre et laisser caraméliser. Les verser dans le moule avec les raisins.

Mélanger la farine, la pincée de sel et les œufs. Délayer avec la crème. Verser sur les fruits, couvrir, cuire 5 minutes à puissance maxi. Oter le couvercle, cuire 4 minutes à puissance maxi.

Saupoudrer des 50 g. de sucre restants.

On peut faire dorer sous la sole d'un four normal.

Les puddings

En principe, les puddings se servent chauds, il est souvent agréable d'offrir en même temps une crème très glacée.

- On peut cependant tous les servir froids, les accompagner alors d'un coulis de fruits ou simplement d'une confiture délayée en la chauffant aux micro-ondes avec un peu d'eau ou d'alcool.

Pudding à la mode d'Outre-Manche

Pour 8 personnes

Prép. : 15 min. - Ut. : 13 min.

Ingrédients :
200 g. de cerises confites
125 g. de dattes dénoyautées
125 g. d'écorce d'orange confite
125 g. de cédrat confit
125 g. de raisins secs
200 g. d'ananas confit
200 g. de cerneaux de noix
100 g. de noisettes grossièrement hachées
125 g. de farine
1 cuillerée à soupe de levure
4 œufs
100 g. de sucre
2 sachets de sucre vanillé
1 verre de rhum (3 dl.)
1 cuillerée à café de cannelle en poudre
1 cuillerée à café de gingembre en poudre
1/4 cuillerée à café de girofle en poudre
50 g. de beurre
Sauce au miel (p. 116).

Chauffer 3 minutes le plat brunisseur. verser les cerneaux de noix, les noisettes et 30 g. de beurre, cuire 2 minutes à puissance maxi sans couvrir.

Hacher les dattes et l'écorce d'orange confite.

Couper les autres fruits à la taille des cerises.

Mélanger le tout.

Battre les œufs et le sucre. Incorporer la farine tamisée avec la levure, les épices, le sucre vanillé.

Ajouter le mélange de fruits. Tasser dans deux moules à charlotte grassement beurrés.

Cuire un après l'autre à couvert 8 minutes à puissance maxi*. Attendre 5 minutes, démouler sur du papier aluminium, arroser dès la fin de la cuisson avec la moitié du rhum pour chaque gâteau.

Enfermer dans le papier. Attendre 15 jours au moins avant de servir.

Débarrasser alors du papier aluminium. Mettre sur le plat de service. Couvrir, réchauffer 5 minutes à puissance moyenne.

Servir avec la sauce au miel.

On peut accompagner de glace à la vanille et flamber le pudding au moment du service.

** Vérifier la cuisson, la pression du doigt doit rencontrer une résistance ; au besoin prolonger la cuisson par fractions d'1 minute.*

Pudding à l'indienne

Pour 6 personnes

Ingrédients :
250 g. de brioche rassie
1/4 lit. de lait
1/4 lit de crème fraîche
50 g. de beurre
6 œufs
1 cuillerée à soupe de gingembre en poudre
150 g. de sucre semoule
2 rhizomes de gingembre confit
1 pot de marmelade d'oranges
1 dl. de rhum.

Prép. : 10 min. - Ut. : 30 min.

Beurrer un moule, le garnir de fines tranches de brioche.

Mettre le lait et la crème dans un saladier, ne pas couvrir, cuire 5 minutes à puissance maxi.

Battre les œufs entiers et le sucre au fouet électrique pendant 5 minutes, délayer avec le mélange lait/crème chaud. Ajouter le gingembre en poudre, la brioche restante, coupée en menus morceaux et un rhizome de gingembre coupé en petits dés (on peut facultativement ajouter 150 g. de raisins secs).

Verser dans le moule, couvrir, cuire 8 minutes à puissance moyenne. Attendre 5 minutes, cuire 5 minutes à puissance mini, attendre 5 minutes. Démouler.

Faire fondre dans un bol, 3 minutes à couvert, à puissance moyenne, la marmelade d'oranges et le rhum.

Verser sur le pudding et garnir de morceaux de gingembre confit.

On peut utiliser du gingembre frais râpé à la place du gingembre en poudre, le parfum sera plus puissant.

✗ ○

Pudding au chocolat

Pour 6 personnes

Ingrédients :
100 g. de chocolat noir
50 g. de beurre
6 brioches individuelles
3 œufs
100 g. de sucre
3 dl. crème fleurette
1 cuillerée à soupe de whisky
30 g. de beurre.

Prép. : 5 min. - Ut. : 15 min.

Mettre dans un bol le chocolat et le beurre. Couvrir, cuire 3 minutes à puissance moyenne. Mélanger avec soin. Incorporer le tiers de la crème fraîche.

Battre au fouet électrique les œufs et le beurre. Beurrer le plat de service. Couper les brioches en petits morceaux, les mettre dans le plat.

Incorporer dans les œufs battus, le mélange chocolat-beurre, ajouter le whisky, le reste de crème. Verser sur les brioches. Couvrir, cuire 10 minutes à puissance moyenne. Oter le couvercle et cuire 2 minutes à puissance maxi. Attendre 5 minutes avant de servir si l'on veut le consommer chaud, sinon mettre au froid.

Servir avec une crème anglaise à la vanille ou au café (p. 117).

ou

Pour 8 personnes

Ingrédients :
5 petites brioches au beurre
100 g. de sucre en poudre
100 g. de raisins secs
100 g. d'amandes ou noisettes hachées
1/4 lit. de lait
1/4 lit. de crème fleurette
3 œufs
3 cuillerées à soupe de cacao en poudre
1 gousse de vanille
Crème Chantilly ou crème anglaise (p. 117).

Prép. : 15 min. - Ut. : 18 min.

Mettre dans un saladier le lait, la crème et la vanille. Couvrir, cuire 5 minutes à puissance moyenne. Oter la vanille*. Mettre dans le saladier les brioches coupées en morceaux. Couvrir, cuire 3 minutes à puissance moyenne.

Mélanger avec soin, incorporer les fruits secs et le cacao en poudre. Battre les œufs et le sucre au fouet électrique et les ajouter au mélange.

Verser le tout dans un moule beurré, couvrir.

Cuire 10 minutes à puissance moyenne. Laisser reposer 3 minutes. Vérifier la cuisson au centre, on doit sentir une résistance à la pression du doigt. Sinon prolonger la cuisson par fractions d'une minute.

Servir très froid avec une crème Chantilly ou une crème anglaise.

**On peut la rincer et la mettre à sécher pour un deuxième usage.*

Pour 4 personnes

Ingrédients :
4 croissants rassis
1/4 lit. de lait
1/8 lit. de crème fleurette
1 citron
3 œufs
75 g. de sucre
3 cuillerées à soupe de confiture au choix
20 g. de beurre.

Pudding aux croissants

Prép. : 10 min. - Ut. : 16 min.

Couper les croissants en morceaux, les mettre dans un saladier avec le lait et la crème, couvrir, cuire 5 minutes à puissance moyenne.

Battre les œufs et le sucre, ajouter le zeste finement râpé et le jus du citron. Mélanger avec les croissants imbibés. S'assurer qu'il ne reste pas de morceaux entiers ; on peut éventuellement passer au mixer.

Beurrer le plat de service. Verser la moitié du mélange dans le plat, ajouter la confiture, finir de remplir avec la préparation.

Couvrir, cuire 8 minutes à puissance mini. Oter le couvercle, cuire 3 minutes à puissance moyenne. Vérifier la cuisson.

Servir chaud ou froid, à volonté.

Pour 6 personnes

Ingrédients :
8 tranches de pain aux noix rassis
100 g. de miel liquide
1 cuillerée à café de cannelle
1/2 cuillerée à café de gingembre
Poivre moulu
1 râpure de muscade
4 œufs
1/4 lit. de lait
1/4 lit. de crème fleurette.

Pudding aux épices

Prép. : 10 min. - Ut. : 19 min.

Mettre le pain coupé en morceaux tremper dans le lait et la crème, ne pas couvrir, cuire 5 minutes à puissance moyenne. Laisser reposer 3 minutes, battre avec une fourchette pour s'assurer qu'il n'y a pas de morceaux durs.

Battre au fouet électrique, les œufs et le miel liquide, incorporer les épices, ajouter quelques tours de moulin à poivre. Mélanger au pain.

Beurrer grassement un moule. Y verser la préparation. Couvrir. Cuire 8 minutes à puissance moyenne. Oter le couvercle, cuire 3 minutes à puissance maxi.

Délicieux servi chaud avec une sauce au miel (p. 116). On peut parfumer le pudding avec un verre à liqueur de whisky.

Pudding aux fruits frais

Pour 6 personnes

Ingrédients :
10 tranches de brioche
500 g. de pommes
3 citrons
500 g. de mélange de fruits frais
200 g. de sucre
1/4 lit. de crème fraîche
3 œufs.

Prép. : 25 min. - Ut. : 29 min.

Couper les tranches de brioche en petits morceaux. Verser dessus la crème. Couvrir, cuire 3 minutes à puissance moyenne. Mixer le tout. Battre les œufs avec 50 g. de sucre, les ajouter au mélange brioche-crème.

Mettre dans un saladier 150 g. de sucre et 200 g. d'eau, ne pas couvrir, cuire 3 minutes à puissance maxi. Peler à vif les citrons. Mettre les quartiers dans le sirop, ne pas couvrir, cuire 2 minutes à puissance maxi. Egoutter les citrons, réserver.

Mettre les pommes épluchées et coupées en lamelles dans le sirop, ne pas couvrir, cuire 5 minutes à puissance maxi, égoutter.

Beurrer grassement un moule, type moule à charlotte. Garnir le fond d'un papier sulfurisé beurré. Remplir en alternant des couches de brioche, citrons, pommes, fruits frais coupés en dés.

Couvrir, cuire 8 minutes à puissance moyenne, attendre 3 minutes et cuire 5 minutes sans couvercle à puissance maxi.

Se sert chaud ou froid, à volonté.

✕ ○ ☼

Pour 6 personnes

Ingrédients :
6 pommes Granny Smith
300 g. de mie de pain rassis ou de brioche
1/4 lit. de crème fleurette
1/8 lit. de lait
3 œufs
150 g. de sucre
75 g. de beurre.

Pudding aux pommes

Prép. : 10 min. - Ut. : 26 min.

Chauffer 6 minutes le plat brunisseur. Eplucher les pommes, les couper en gros cubes. Partager le beurre en plusieurs morceaux et le mélanger aux pommes. Mettre dans le plat brunisseur, ne pas couvrir. Cuire 5 minutes à puissance maxi.

Mettre dans un saladier le pain (ou la brioche) coupé en morceaux. Ajouter la crème fleurette et le lait, ne pas couvrir, cuire 5 minutes à puissance moyenne.

Battre au fouet électrique les œufs et le sucre. Incorporer au mélange précédent.

Ajouter les dés de pommes, mélanger délicatement.

Verser à nouveau dans le plat brunisseur. Couvrir, cuire 8 minutes à puissance moyenne. Oter le couvercle, cuire 2 minutes à puissance maxi.

On peut flamber avec une louche de calvados chaud au moment de servir.

Pudding de pain aux fruits rouges

Pour 6 personnes

Prép. : 5 min. - Ut. : 30 min.

Ingrédients :
12 tranches de pain de mie
75 g. de beurre
1/2 dl. de crème fraîche
3 œufs
100 g. de sucre
1 kg. de fruits rouges assortis.

Chauffer 7 minutes le plat brunisseur. Mettre le tiers du beurre et 4 tranches de pain coupées en deux, cuire 2 minutes à puissance maxi sans couvrir. Répéter deux autres fois cette opération (sans qu'il soit utile de réchauffer le plat brunisseur à chaque fois).

Mettre les fruits rouges dans un saladier avec le sucre. Ne pas couvrir, cuire 8 minutes à puissance maxi en remuant les fruits une fois à mi-cuisson.

Ranger agréablement tous les morceaux de pain de mie dans le plat brunisseur. Disposer dessus les fruits égouttés.

Faire réduire de moitié le jus de cuisson des fruits en le mettant dans un grand saladier à cuire sans couvrir 6 minutes à puissance maxi. Battre les œufs et la crème au fouet électrique. Incorporer le jus des fruits. Verser sur les fruits. Couvrir, cuire 5 minutes à puissance moyenne. Attendre 5 minutes, cuire à nouveau 3 minutes.

Se sert froid ou chaud, à volonté.

Pudding de pain aux fruits secs

Pour 6 personnes

Prép. : 5 min. - Ut. : 24 min.

Ingrédients :
300 g. de mie de pain rassis
1/4 lit. de crème fleurette
1/8 lit. de lait
150 g. de sucre
3 œufs
1 orange
200 g. d'abricots secs
50 g. de raisins secs
50 g. d'amandes effilées
25 g. de beurre.

Chauffer 4 minutes le plat brunisseur. Répartir les amandes effilées et le beurre, ne pas couvrir, cuire 2 minutes à puissance maxi. Tourner les amandes. Réserver.

Mettre dans un saladier le pain, le lait et la crème. Ne pas couvrir, cuire 5 minutes à puissance moyenne. Battre au fouet électrique les œufs et le sucre. Incorporer au pain.

Mettre dans un bol les abricots secs coupés en quatre, les raisins, le jus d'orange et 2 cuillerées à soupe d'eau. Couvrir, cuire 5 minutes à puissance moyenne.

Mélanger tous les ingrédients. Ajouter les amandes effilées. Verser dans le plat brunisseur. Couvrir, cuire 8 minutes à puissance moyenne.

Si ce dessert n'est pas destiné à des enfants, remplacer les 2 cuillerées à soupe d'eau par 2 cuillerées à soupe de rhum ou de grand-marnier.

Les gâteaux aux céréales

Avec ces recettes, on peut utiliser tous les parfums possibles.

- Il faut savoir que les céréales absorbent encore du liquide après la cuisson.

- Il est possible d'interchanger les céréales : polente, flocons d'avoine, millet, etc.

✗ ○

Gâteau au couscous

Pour 8 personnes

Prép. : 10 min. - Ut. : 15 min.

Ingrédients :
300 g. de couscous précuit
150 g. de noisettes hachées (ou amandes)
200 g. de raisins secs
100 g. de beurre
1/2 lit. de lait
4 œufs
5 cuillerées à soupe de confiture d'orange
3 oranges
150 g. de miel.

Mélanger le couscous, les fruits secs, le beurre fondu, le lait, la confiture, les œufs battus. Verser dans un moule beurré, couvrir, cuire 8 minutes à puissance moyenne, ôter le couvercle, cuire 3 minutes à puissance maxi. Laisser tiédir, démouler.

Mettre dans un bol le miel et le jus des oranges, ne pas couvrir, cuire 3 minutes à puissance maxi. Fouetter, servir chaud avec le gâteau tiède.

On peut parfumer le gâteau avec une cuillerée à café de cannelle et ajouter des dattes dénoyautées et hachées à la préparation.

Gâteau de semoule aux fruits confits

Pour 6 personnes

Prép. : 5 min. - Ut. : 15 min.

Ingrédients :
1/2 lit. de lait
1/4 lit. de crème fleurette
100 g. de sucre
120 g. de semoule
3 œufs
20 g. de beurre
1 pincée de sel
150 g. de fruits confits assortis
Caramel liquide.

Mettre dans un saladier le lait, la crème, le sel. Ne pas couvrir, cuire 3 minutes à puissance maxi. Ajouter la semoule, couvrir, cuire 4 minutes à puissance maxi.

Mélanger au fouet, incorporer les œufs entiers battus au fouet électrique avec le sucre, puis les fruits confits coupés en petits morceaux.

Verser dans un moule beurré, couvrir, cuire 8 minutes à puissance mini. Laisser reposer 5 minutes, démouler.

Servir arrosé de caramel liquide.

✕ ○

Gâteau de riz à l'orange

Pour 6 personnes

Prép. : 5 min. - Ut. : 20 min.

Ingrédients :
150 g. de riz
1/4 lit. de lait
1/4 lit. de crème fleurette
3 œufs
150 g. de sucre
100 g. d'écorces d'oranges confites
1 petit verre à liqueur de grand-marnier
25 g. de beurre
Marmelade d'oranges.

Mettre le riz dans un saladier, y verser 1/2 lit. d'eau bouillante, ne pas couvrir, cuire 5 minutes à puissance maxi.

Egoutter le riz, le mettre dans un saladier avec la crème, le lait, le sucre, couvrir, cuire 5 minutes à puissance maxi.

Battre les œufs, les ajouter au riz avec le grand-marnier et les écorces d'oranges, coupées en dés. Beurrer un moule en verre, y verser la préparation. Couvrir, cuire 10 minutes à puissance mini.

Servir avec une marmelade d'oranges délayée.

✕ ○

Riz au lait

Pour 4 personnes

Prép. : 5 min. - Ut. : 14 min.

Ingrédients :
150 g. de riz rond
100 g. de fruits confits
1/4 lit. de lait
1/4 lit. de crème
75 g. de sucre
25 g. de beurre
1 verre à liqueur de curaçao
Facultatif : caramel liquide.

Mettre le beurre dans un saladier, faire fondre 1 minute à puissance maxi, ajouter le riz, couvrir, cuire 2 minutes à puissance maxi, mélanger avec soin.

Ajouter les fruits confits coupés en dés.

Chauffer le lait, la crème et le sucre dans un saladier à couvert 3 minutes.

Verser sur le riz, ajouter le curaçao, couvrir, cuire 8 minutes à puissance maxi.

Laisser reposer 5 minutes puis tasser dans un moule beurré. Mettre au froid au moins 3 heures avant de servir. Tremper le moule dans l'eau chaude, démouler.

On peut alors arroser de caramel.

Les biscuits

Il faut toujours vérifier sur les emballages la quantité de sel incorporée à la farine, son goût étant exalté à la cuisson. Ne pas utiliser de farine en contenant.

- Pour éviter tout problème de démoulage, il est préférable de garnir les moules de papier sulfurisé beurré de façon systématique.

- Les œufs doivent être battus très longtemps si l'on veut qu'ils aient un pouvoir levant.

- La cuisson commence toujours par le milieu, se méfier quand on la vérifie.

Baba

Pour 6 personnes

Prép. : 10 min. - Ut. : 8 min. - Repos : 5 min.

Ingrédients :
100 g. de farine
3 œufs
150 g. de sucre
12,5 cl. de crème liquide
1/2 paquet de levure
50 g. de beurre
Sirop :
250 g. de sucre
3 dl. d'eau
3 dl. de rhum
Fruits confits pour garnir
Crème fouettée (facultatif).

Faire ramollir le beurre en le passant 30 secondes au four à puissance mini.

Battre le beurre avec le sucre et les œufs, et incorporer alternativement la crème et le mélange farine/levure, tamisé au préalable.

Beurrer fortement un moule à baba en verre. Verser le mélange et faire cuire 8 minutes à puissance maxi.

Laisser tiédir 5 minutes, démouler.

Nettoyer soigneusement le moule.

Remettre le baba froid dans le moule ou dans un moule plus grand si on possède les deux tailles.

Faire cuire le mélange sucre/eau 5 minutes sans couvrir, à puissance maxi. Ajouter le rhum et verser sur le baba.

Laisser le gâteau s'imprégner 10 minutes. Retourner sur le plat de service.

Garnir de fruits confits et éventuellement, le centre de crème fouettée.

On peut arroser le baba de rhum pur si on le préfère très corsé.

On peut également l'arroser de jus d'orange aromatisé au grand-marnier.

Biscuit au chocolat

Pour 6 personnes

Prép. : 10 min. - Ut. : 12 min.

Ingrédients :
75 g. de farine
50 g. de maïzena
30 g. de cacao en poudre
5 œufs
120 g. de sucre
25 g. de beurre
Mousse au café (p. 21).

Battre au fouet électrique 2 minutes les œufs et le sucre dans un saladier en verre, couvrir, cuire 1 min. 30 à puissance maxi. Battre 5 minutes au fouet. Incorporer la farine tamisée avec la maïzena et le cacao. Verser le mélange dans un moule largement beurré garni de papier sulfurisé.

Couvrir, cuire 8 minutes à puissance maxi. Oter le couvercle, cuire 2 minutes à puissance maxi.

Attendre 5 minutes pour démouler.

Servir avec une mousse au café.

✕ ○

Biscuit façon génoise

Pour 6 à 8 personnes

Ingrédients :
100 g. de sucre
4 œufs (55 g.)
100 g. de farine ou 50 g. de farine + 50 g. de fécule
50 g. de beurre
1 cuillerée à café de levure en poudre.

Prép. : 15 min. - Ut. : 9 min.

Battre au fouet électrique les œufs et le sucre pendant 10 minutes.

Tamiser la farine et la levure.

Faire ramollir le beurre 2 minutes à puissance mini.

Incorporer le beurre et la farine en alternant, dans le mélange sucre-œufs. Fouetter énergiquement.

Beurrer et garnir un moule de papier sulfurisé. Y verser la préparation, couvrir, cuire 6 minutes à puissance maxi. Enlever le couvercle, cuire 3 minutes à puissance maxi.

Attendre 10 minutes, démouler, laisser refroidir, couper en tranches pour garnir à son goût. Glacer avec un glaçage parfumé.

✕ ○

Pour 4 personnes

Ingrédients :
100 g. de farine
25 g. de fécule
4 œufs
100 g. de sucre
2 cuillerées à soupe de crème
Pour garnir :
confiture ou crème pâtissière (p. 117).

Biscuit roulé

Prép. : 10 min. - Ut. : 8 min.

Battre les jaunes d'œufs et le sucre 5 minutes avec un fouet électrique. Ajouter la crème et le mélange fécule-farine tamisé. Monter les blancs en neige, les incorporer délicatement.

Beurrer un plat en verre carré ou rectangulaire. Le garnir de papier sulfurisé. Verser la préparation, ne pas couvrir, cuire 7 minutes à puissance maxi.

Vérifier la cuisson, attendre 5 minutes, démouler sur un torchon mouillé. Etaler la garniture de son choix, rouler dans le torchon, mettre 1 heure au réfrigérateur.

Décorer selon son goût.

Cake au café

Pour 6 personnes

Ingrédients :
125 g. de beurre + 20 g.
125 g. de sucre
125 g. de farine
75 g. d'amandes en poudre
1 cuillerée à soupe rase de levure
1 cuillerée à soupe de café soluble
1/2 dl. de crème
4 œufs.

Prép. : 10 min. - Ut. : 8 min.

Beurrer largement un moule à cake en verre, le garnir de papier sulfurisé.

Battre au fouet électrique le sucre et 125 g. de beurre mou. Incorporer les œufs un à un.

Mélanger la farine tamisée, la levure et la poudre d'amandes.

Délayer la crème et le café soluble, incorporer au mélange beurre-œufs, ajouter la farine, verser dans le moule. Couvrir, cuire 5 minutes à puissance maxi. Oter le couvercle, cuire 3 minutes à puissance maxi.

Laisser reposer avant de démouler.

Cake marbré aux raisins

Pour 6 personnes

Ingrédients :
125 g. de beurre
100 g. de sucre en poudre
3 œufs
100 g. de farine
1 cuillerée à café de levure
50 g. de fécule
50 g. de raisins secs
100 g. de chocolat noir
1/2 dl. de rhum.

Prép. : 10 min. - Ut. : 8 min.

Mettre le beurre dans un saladier. Couvrir, cuire 2 minutes à puissance maxi.

Battre au fouet électrique les œufs et le sucre. Incorporer le beurre fondu et le mélange farine-fécule-levure tamisé.

Mettre dans un bol, le chocolat et 1 cuillerée à soupe de rhum. Couvrir, cuire 2 minutes à puissance moyenne, ajouter les raisins secs et le reste de rhum.

Couvrir, cuire 1 minute à puissance moyenne. Incorporer la moitié du mélange précédent au chocolat.

Verser successivement les deux préparations dans un moule beurré au fond duquel on aura placé un papier sulfurisé.

Couvrir, cuire 5 minutes à puissance maxi. Oter le couvercle, cuire 3 minutes à puissance maxi.

Vérifier la cuisson, laisser reposer 5 minutes avant de démouler.

✕ ○

Pour 6 à 8 personnes

Ingrédients :
250 g. de chocolat
250 g. de sucre
4 œufs
250 g. de beurre
1 cuillerée à café de vanille en poudre
100 g. de maïzena
100 g. de fécule
Mousse au café (p. 21) ou crème Chantilly.

Couronne au chocolat

Prép. : 5 min. - Ut. : 23 min.

Mettre le chocolat dans un bol avec 2 cuillerées à soupe d'eau. Couvrir, cuire 3 minutes à puissance moyenne. Ajouter le beurre en morceaux, le sucre, mélanger avec soin.

Battre les œufs en omelette. Ajouter la maïzena, la fécule, la vanille. Incorporer au chocolat. Verser le tout dans un moule en couronne grassement beurré.

Cuire à couvert 20 minutes à puissance mini. Mettre au froid. Démouler, garnir le centre de mousse au café ou de crème Chantilly.

✕ ○○

Pour 4 personnes

Ingrédients :
125 g. de chocolat noir
125 g. de beurre
75 g. de sucre
4 œufs
2 cuillerées à soupe de whisky.

Fondant au chocolat

Prép. : 10 min. - Ut. : 14 min.

Casser le chocolat en morceaux. Le mettre dans un saladier avec le whisky. Couvrir, cuire 3 minutes à puissance moyenne. Ajouter le beurre, couvrir, cuire 3 minutes à puissance moyenne. Mélanger avec soin.

Battre au fouet électrique les œufs et le sucre. Les incorporer au mélange chocolaté. Verser dans un moule fortement beurré.

Couvrir, cuire 4 minutes à puissance mini. Attendre 2 minutes. Couvrir, cuire 2 minutes à puissance moyenne. Vérifier la cuisson : une pression du doigt doit rencontrer une résistance. Si nécessaire, cuire à nouveau à couvert par tranches d'une minute chaque fois. Laisser tiédir puis mettre au froid au moins 3 heures.

Il est même recommandé de préparer ce gâteau la veille. Tremper le moule dans l'eau chaude pour le démouler.

Gâteau au café

Pour 6 personnes

Prép. : 20 min. - Ut. : 7 min.

Ingrédients :

Gâteau :

100 g. de farine
75 g. d'amandes en poudre
150 g. de beurre
100 g. de sucre
4 œufs
100 g. d'amandes effilées
1 c. à soupe d'extrait de café ou 1 c. à soupe de café soluble délayé dans 1 c. à soupe de crème fleurette
1 cuillerée à soupe rase de levure chimique.

Crème :

2 jaunes d'œufs
75 g. de sucre
125 g. de beurre
2 cuillerées à soupe d'extrait de café.

Battre au fouet électrique 75 g. de sucre et les 2 jaunes d'œufs. Ajouter 125 g. de beurre ramolli et l'extrait de café.

Conserver au frais.

Battre au fouet électrique 150 g. de beurre et 150 g. de sucre. Incorporer un à un les 4 œufs.

Tamiser la levure et la farine, les incorporer au mélange en alternant avec la poudre d'amandes.

Ajouter l'extrait de café. Verser dans un moule beurré au fond duquel on aura mis un papier sulfurisé.

Couvrir, cuire 5 minutes à puissance maxi. Oter le couvercle, cuire 2 minutes. Laisser reposer.

Quand le gâteau est froid, le couper en deux dans la hauteur.

Fourrer avec la moitié de la crème. Reformer le gâteau, masquer le dessus avec le reste de crème, parsemer les amandes effilées grillées*.

**On peut les griller aux micro-ondes en utilisant un plat brunisseur chauffé 4 minutes sur lequel on met les amandes. On les cuit alors sans couvercle 2 minutes à puissance maxi.*

Gâteau au chocolat

Pour 6 personnes

Prép. : 10 min. - Ut. : 10 min.

Ingrédients :
200 g. de chocolat noir
150 g. de beurre
100 g. de sucre
4 œufs (55 g.)
1 cuillerée à soupe de levure
75 g. de fécule.

Mettre le beurre et le chocolat dans un saladier, couvrir, cuire 2 minutes à puissance maxi.

Battre au fouet électrique 10 minutes les œufs et le sucre, incorporer le mélange beurre-chocolat, puis la fécule tamisée avec la farine.

Beurrer largement un moule, garnir le fond d'une rondelle de papier sulfurisé.

Verser la préparation, couvrir, cuire 5 minutes à puissance maxi. Oter le couvercle, cuire 3 minutes à puissance maxi, attendre 5 minutes avant de démouler.

On peut couper le gâteau en tranches après refroidissement et le fourrer de mousse au chocolat (p. 119).

Gâteau à l'ananas

Pour 6 à 8 personnes

Prép. : 10 min. - Ut. : 10 min.

Ingrédients :
1 boîte d'ananas en tranches
150 g. de sucre
3 œufs
75 g. de farine
30 g. de beurre
1 cuillerée à café de levure en poudre.

Mettre dans le moule 75 g. de sucre et 1 cuillerée à soupe d'eau, ne pas couvrir, cuire 3 minutes à puissance maxi jusqu'à obtenir un caramel.

Egoutter les tranches d'ananas, les disposer au fond du moule.

Battre au fouet pendant 10 minutes les œufs entiers et le sucre restant. Incorporer le beurre ramolli et la farine tamisée avec la levure. Verser ce mélange sur les tranches d'ananas. Couvrir, cuire 5 minutes à puissance maxi. Oter le couvercle, cuire 2 minutes à puissance maxi. Attendre 5 minutes pour démouler.

On peut conserver le jus d'ananas, y incorporer 2 cuillerées à soupe de rhum et en imbiber le gâteau.

Gâteau à la banane

Pour 6 personnes

Ingrédients :
75 g. de beurre
100 g. de sucre parfumé à la vanille
2 œufs
100 g. de farine
6 bananes
1 cuillerée à thé de levure
2 cuillerées à soupe de crème fraîche
1 dl. de rhum
2 dl. de sirop de sucre
1 citron vert.

Prép. : 30 min. - Ut. : 19 min.

Mixer le beurre et le sucre, ajouter les œufs, puis la farine tamisée avec la levure. Ajouter ensuite 2 bananes écrasées et la crème fraîche. Verser ce mélange dans un moule au fond duquel on aura mis une feuille de papier sulfurisé, beurrée. Couvrir, cuire 5 minutes à puissance moyenne. Découvrir, cuire 2 minutes à puissance maxi. Laisser reposer 10 minutes.

Démouler sur un plat creux.

Mélanger le rhum et le sucre de canne, chauffer le mélange 2 minutes à puissance maxi. Verser le tiers dans une poêle à revêtement antiadhésif et ajouter le jus de citron vert aux 2/3 de sirop restants.

Arroser le gâteau avec ce liquide chaud, le laisser s'imbiber.

Couper en tranches épaisses 4 bananes, les ajouter dans la poêle et les faire caraméliser des deux côtés. Les disposer sur le gâteau.

On peut ajouter en garniture quelques fines lamelles de citron vert confites au sirop de sucre.

✕ ○

Pour 6 personnes

Ingrédients :
3 citrons non traités
6 œufs
250 g. de sucre
40 g. maïzena
125 g. de poudre d'amandes
Glaçage au citron (p. 116).

Gâteau au citron

Prép. : 5 min. - Ut. : 15 min.

Mixer les citrons avec leur peau.

Battre les œufs et le sucre au fouet électrique pour rendre le mélange mousseux. Ajouter la maïzena, la poudre d'amandes et la purée de citrons. Verser dans un moule beurré. Cuire 10 minutes à couvert à puissance moyenne. Oter le couvercle, cuire 5 minutes à puissance maxi. Laisser reposer, démouler, glacer au citron.

XX O

Gâteau au miel et aux noisettes

Pour 4 personnes

Ingrédients :
100 g. de miel liquide
2 œufs
30 g. de farine
40 g. de noisettes en poudre
1/2 cuillerée à café de levure
Crème au beurre (p. 117)
100 g. de noisettes grillées.

Prép. : 5 min. - Ut. : 7 min.

S'assurer que le miel est bien liquéfié, à défaut le passer 1 minute au four à micro-ondes à puissance mini sans couvrir.

Ajouter 2 jaunes d'œufs, mélanger avec soin, ajouter la farine tamisée avec la levure puis les noisettes en poudre.

Battre les deux blancs en neige ferme, les incorporer délicatement au mélange.

Verser dans un moule en verre beurré au fond duquel on aura mis une feuille de papier beurrée.

Couvrir, cuire 5 minutes à puissance moyenne. Enlever le couvercle, cuire 2 minutes à puissance maxi.

On peut fourrer le gâteau de la crème au beurre additionnée de 50 g. noisettes grillées hachées et le recouvrir entièrement. Décorer ensuite les bords avec des noisettes grillées.

✕ ○

Gâteau au yaourt

Pour 4 personnes

Prép. : 5 min. - Ut. : 13 min.

Ingrédients :
1 yaourt à la vanille
3 pots à yaourt de farine
3 pots à yaourt de sucre
3/4 de pot à yaourt d'huile
1 paquet de levure
1 sachet de sucre vanillé
3 œufs
Glaçage à l'orange *(p. 116).*

Mélanger le yaourt et les œufs, incorporer le sucre, la farine tamisée avec la levure, l'huile.

Verser dans un moule beurré. Cuire à couvert 8 minutes à puissance maxi, ôter le couvercle, cuire 5 minutes à puissance moyenne. Glacer à l'orange.

✕ ○○

Gâteau aux marrons

Pour 6 personnes

Prép. : 5 min. - Ut. : 10 min.

Ingrédients :
250 g. de crème de marrons
100 g. de sucre en poudre parfumé à la vanille
50 g. de beurre
3 œufs
60 g. de farine
1 cuillerée à thé de levure
1 dl. de crème fleurette
50 g. de chocolat noir
2 cuillerées à soupe de rhum
Facultatif *: 6 marrons au sirop pour le décor.*

Dans un bol, mettre 50 g. de beurre et le chocolat en petits morceaux. Ne pas couvrir. Cuire 4 minutes à puissance mini. Fouetter en ajoutant 75 g. de sucre, puis la moitié de la crème de marrons et la farine tamisée avec la levure.

Y incorporer les œufs un à un.

Verser dans un moule beurré dont le fond aura été garni d'un papier sulfurisé.

Couvrir, cuire 4 minutes à puissance moyenne, ôter le couvercle, cuire 1 minute à puissance maxi. Attendre 15 minutes. Démouler.

Délayer la crème de marrons restante avec le rhum. Couper le gâteau transversalement en deux. Le fourrer avec ce mélange. Battre la crème en incorporant 25 g. de sucre jusqu'à ce qu'elle soit bien ferme.

Recouvrir le gâteau, décorer avec les marrons.

Gâteau aux noix

Pour 6 personnes

Prép. : 10 min. - Ut. : 12 min.

Ingrédients :
150 g. de farine
150 g. de beurre
2 œufs
150 g. de sucre
150 g. de cerneaux de noix
1 cuillerée rase de levure en poudre
1 cuillerée à soupe de rhum.

Battre au fouet électrique les œufs et le sucre. Mettre le beurre dans un bol, le cuire à couvert 2 minutes à puissance maxi. Le verser dans les œufs en continuant à battre. Ajouter la farine tamisée avec la levure, le rhum et les noix grossièrement hachées.

Verser dans un moule beurré au fond duquel on aura mis un papier sulfurisé. Couvrir, cuire 5 minutes à puissance maxi. Oter le couvercle, cuire 3 minutes à puissance maxi. Laisser reposer.

Glacer et décorer selon son goût.

Gâteau aux pommes

Pour 6 personnes

Prép. : 10 min. - Ut. : 11 min. - Repos : 5 min.

Ingrédients :
100 g. de beurre + 20 g.
75 g. de sucre
50 g. de farine
50 g. de fécule
3 œufs
1 cuillerée à café de cannelle en poudre
3 pommes.
Glaçage :
200 g. de sucre glace
1 cuillerée de calvados (facultatif).

Mettre les 100 g. de beurre dans un saladier. Les faire ramollir 1 minute à puissance mini, sans couvrir.

Battre le beurre avec le sucre, ajouter les œufs et fouetter 5 minutes. Ajouter le mélange farine-fécule-cannelle après l'avoir tamisé.

Eplucher les pommes, les couper en huit quartiers.

Beurrer largement un moule. Verser le mélange et répartir les morceaux de pommes. Faire cuire 10 minutes sans couvrir, à puissance maxi.

S'assurer de la cuisson en piquant la pâte avec un couteau qui doit ressortir sec.

Saupoudrer le gâteau de sucre glace ou glacer avec le sucre glace mouillé de calvados.

✕ ○

Pour 6 personnes

Ingrédients :
50 g. de cacao en poudre
150 g. de sucre
75 g. de beurre
75 g. de farine
1 cuillerée à café de levure
4 œufs
1 pincée de sel
Mousse au café (p. 21).

Gâteau de chocolat

Prép. : 10 min. - Ut. : 10 min.

Mélanger le beurre avec le sucre, y incorporer 2 jaunes et 2 œufs entiers puis le cacao, la farine tamisée avec la levure. Battre 2 blancs avec une pincée de sel pour obtenir une neige ferme. Les incorporer délicatement à la préparation précédente.

Verser dans un moule beurré au fond duquel on aura placé un papier sulfurisé.

Couvrir, cuire 8 minutes à puissance moyenne. Oter le couvercle, cuire 2 minutes à puissance maxi.

Laisser reposer 10 minutes, démouler.

On peut fourrer ce gâteau d'une mousse au café.

Gâteau de pommes au coulis d'abricots

Pour 6 personnes

Prép. : 10 min. - Ut. : 28 min.

Ingrédients :
12 pommes
1 citron
1 cuillerée à soupe de fécule
1 cuillerée à café de cannelle
250 g. de sucre
30 g. de beurre
6 œufs
1/2 pot de marmelade d'abricots
10 morceaux de sucre pour le caramel.

Eplucher les pommes. Les couper en morceaux, les mettre dans un saladier avec le beurre, la cannelle, le zeste du citron finement râpé et 2 cuillerées à soupe d'eau.

Cuire 10 minutes à couvert, à puissance moyenne, en tournant les pommes à mi-cuisson.

Ajouter le sucre et la fécule, mixer le tout. Remettre dans le saladier, cuire 5 minutes à puissance maxi sans couvrir. Laisser refroidir.

Ajouter les 6 œufs battus comme pour une omelette. Verser dans un moule caramélisé.

Cuire 10 minutes à couvert à puissance mini. Laisser reposer 20 minutes. Démouler, mettre au frais.

Additionner la marmelade d'abricots de 2 cuillerées à soupe d'eau et faire cuire 3 minutes, à couvert, à puissance moyenne. Mixer. Verser autour du gâteau de pommes.

✕ ○

Pour 6 personnes

Ingrédients :
250 g. de farine (ou
125 g. de farine de seigle
et 125 g. de farine de blé)
1 cuillerée à soupe rase
de bicarbonate
150 g. de miel
125 g. de beurre
3 œufs
1 cuillerée à café d'anis
en grains
1 cuillerée à café de
gingembre en poudre
1 cuillerée à café de
cannelle.

Pain d'épices

Prép. : 10 min. - Ut. : 8 min.

Mettre dans un bol le miel et le beurre. Couvrir, cuire 2 minutes à puissance mini.

Tamiser la ou les farines dans un saladier, ajouter le bicarbonate et les épices.

D'autre part, battre les œufs au fouet électrique pendant 3 minutes.

Incorporer le miel et le beurre à la farine, puis les œufs battus.

Verser le mélange dans un moule à cake largement beurré, garni d'un papier sulfurisé.

Cuire 5 minutes à couvert à puissance maxi. Vérifier la cuisson au centre, si nécessaire, cuire encore 1 ou 2 minutes, à puissance maxi sans couvrir.

Cookies

Pour 6 personnes

Prép. : 5 min. - Ut. : 3 min.

Ingrédients :
250 g. de farine
175 g. de beurre
100 g. de cassonade
1 œuf
1 pincée de sel
*1/2 cuillerée à café de cannelle**
200 g. de raisins secs.

Mélanger tous les ingrédients en pétrissant pour obtenir une pâte assez ferme.

Etaler sur une table farinée à 1 cm d'épaisseur. Découper à l'emporte-pièce, poser sur le plateau du four, garni d'une feuille de papier sulfurisé. Couvrir, cuire 2 minutes à puissance maxi. Oter le couvercle, cuire encore 1 minute à puissance maxi.

On peut dorer les petits gâteaux au jaune d'œuf avant de les cuire.

** On peut remplacer par une pincée de vanille en poudre ou un zeste de citron.*

Petits cakes au chocolat

Pour 6 personnes

Ingrédients :
125 g. de farine
125 g. de beurre
125 g. de sucre
30 g. de cacao
1 cuillerée à soupe rase de levure
3 œufs
1 verre à liqueur de rhum.

Prép. : 20 min. - Ut. : 5 min. 30.

Mettre le beurre dans un saladier, couvrir, cuire 30 secondes à puissance mini.

Ajouter le sucre, battre au fouet électrique.

Ajouter les œufs un par un en continuant de battre.

Tamiser la farine avec la levure et le cacao. Incorporer au mélange précédent délicatement. Ajouter le rhum.

Beurrer des petits ramequins, garnir le fond de papier sulfurisé, les remplir aux deux tiers avec le mélange. Couvrir, cuire 4 minutes à puissance maxi, ôter le couvercle, cuire 1 minute à puissance moyenne.

Petits gâteaux Madeleine

Pour 6 personnes

Ingrédients :
250 g. de sucre
50 g. de farine
200 g. d'amandes en poudre
1 citron
4 œufs
100 g. de beurre
1 cuillerée à soupe rase de levure en poudre.

Prép. : 15 min. - Ut. : 7 min.

Battre au fouet électrique les œufs et le sucre jusqu'à ce que le mélange soit mousseux.

Tamiser la farine et la levure, les incorporer aux œufs en alternant avec la poudre d'amandes.

Ajouter le zeste de citron finement haché et le beurre fondu en le chauffant 2 minutes à puissance maxi.

Répartir la pâte dans des moules individuels (type ramequins). Couvrir, cuire 3 minutes à puissance maxi. Oter le couvercle, cuire 2 minutes à puissance maxi.

Laisser reposer 3 minutes. Vérifier la cuisson.

Les tartes

Les bords des tartes ne sont jamais très réussis, il vaut mieux ne pas les faire trop importants, à moins qu'il ne s'agisse de tartes à passer sous la voûte d'un four normal.

- Pour n'avoir aucun problème, il est conseillé de mettre au fond du moule un rond de papier sulfurisé, on garnit ensuite de pâte, on la pique et on la recouvre d'une autre feuille de papier sulfurisé beurrée, on pose enfin sur le tout une assiette pour éviter que la pâte ne lève.

Tarte à la cannelle

Pour 6 personnes

Prép. : 10 min. - Ut. : 7 min.

Ingrédients :
250 g. de pâte sucrée *(p. 115)*
1 jaune d'œuf
120 g. de sucre
1 cuillerée à soupe de cannelle
15 g. de farine
1 dl. de vin blanc
50 g. de beurre.

Foncer un moule à tarte avec la pâte. Badigeonner le bord avec le jaune d'œuf. Couvrir de papier et d'une assiette. Cuire 4 minutes à puissance maxi. Oter l'assiette et le papier.

Mélanger le sucre, la cannelle et la farine, délayer avec le vin blanc. Verser sur la tarte.

Ajouter le beurre en petits morceaux.

Ne pas couvrir, cuire 3 minutes à puissance maxi.

Eventuellement prolonger la cuisson par fractions de 30 secondes.

✕✕ ○

Pour 6 personnes

Ingrédients :
250 g. de pâte brisée (p. 115)
1 jaune d'œuf
1/2 boîte d'abricots au sirop
2 pommes
1/2 dl. de rhum
100 g. de sucre
50 g. de beurre
150 g. de crème
150 g. de sucre glace
100 g. de poudre d'amandes
3 œufs.

Tarte au mirliton

Prép. : 10 min. - Ut. : 15 min.

Foncer un moule à tarte avec la pâte, badigeonner le bord de jaune d'œuf, couvrir d'un papier et d'une assiette.

Faire cuire 4 minutes, puissance maxi. Oter l'assiette et le papier.

Mettre dans un bol le sucre, le rhum et le beurre, cuire jusqu'à obtenir une teinte caramel, 4 minutes environ à puissance maxi, sans couvrir.

Egoutter les abricots, les disposer sur le fond de tarte, verser dessus le caramel obtenu.

Mélanger la crème, le sucre glace, la poudre d'amandes et les 3 œufs battus. Verser sur la tarte. Ne pas couvrir, cuire 3 minutes à puissance mini et 3 minutes à puissance moyenne.

Vérifier la cuisson, prolonger éventuellement par fractions de 30 secondes.

Tarte au citron

Pour 6 personnes

Ingrédients :
250 g. de pâte sucrée *(p. 115)*
80 g. de sucre + 25 g.
40 g. de beurre
2 œufs
Le zeste et le jus d'1 citron.

Prép. : 10 min. - Ut. : 8 min.

Etaler la pâte, foncer un moule en verre et faire cuire le fond de tarte après l'avoir garni d'un papier et recouvert d'une assiette 4 minutes à puissance maxi. Oter l'assiette et le papier. Saupoudrer les bords de 25 g. de sucre en poudre. Cuire 2 minutes, à puissance maxi.

Mettre dans un bol les 80 g. de sucre, le beurre, les œufs entiers, le zeste d'1 citron finement haché, le jus du citron.

Couvrir, cuire 2 minutes à puissance moyenne. Fouetter, prolonger la cuisson par fractions de 30 secondes pour obtenir une crème épaisse.

Laisser refroidir, garnir la tarte au moment de la servir.

On peut décorer de tranches de citron confites dans un sirop de sucre.

Tarte aux amandes

Pour 6 personnes

Ingrédients :
250 g. de pâte sucrée *(p. 115)*
100 g. de sucre
75 g. de beurre
100 g. d'amandes effilées
10 g. de cerises confites
75 g. de miel
50 g. de crème.

Prép. : 10 min. - Ut. : 10 min.

Mettre dans un saladier le sucre, la crème, le miel, le beurre, les amandes et les cerises coupées en quatre. Ne pas couvrir, cuire 2 minutes, puissance moyenne. Mélanger avec soin, cuire à nouveau sans couvrir 2 minutes, puissance moyenne.

Foncer un moule à tarte en verre beurré, mettre dessus un papier sulfurisé beurré et une assiette. Cuire 4 minutes à puissance maxi sans couvrir.

Oter l'assiette et le papier. Verser la préparation aux amandes, ne pas couvrir, cuire 2 minutes à puissance maxi.

Tarte aux bananes

Pour 6 personnes

Prép. : 10 min. - Ut. : 14 min.

Ingrédients :
250 g. de pâte sucrée
(p. 115) + 1 jaune d'œuf
6 bananes
2 dl. de sirop de sucre
1 dl. de rhum
2 dl. de crème pâtissière
(p. 117).

Foncer un moule à tarte en verre beurré, de pâte. Dorer le bord, au pinceau avec un jaune d'œuf, mettre au fond un rond de papier sulfurisé, beurré et une assiette. Ne pas couvrir, cuire 5 minutes à puissance maxi. Oter l'assiette et le papier, laisser refroidir.

Chauffer 4 minutes le plat brunisseur, y verser le sirop de sucre, le rhum et ajouter les bananes épluchées, coupées en rondelles épaisses.

Ne pas couvrir, cuire 5 minutes à puissance maxi ; les bananes doivent commencer à caraméliser (si nécessaire prolonger la cuisson).

Mélanger le rhum à la crème pâtissière et étendre ce mélange au fond de la tarte.

Disposer dessus les tranches de bananes. Servir tiède.

Tarte aux framboises

Pour 6 personnes

Prép. : 10 min. - Ut. : 11 min.

Ingrédients :
250 g. de pâte brisée (p. 115)
1 jaune d'œuf
500 g. de framboises
2 dl. de crème fraîche
1 dl. de lait
125 g. de sucre
3 œufs.

Foncer un moule à tarte beurré de pâte. Dorer le bord au pinceau avec un jaune d'œuf. Mettre dessus un papier sulfurisé beurré et une assiette. Faire cuire sans couvrir 4 minutes à puissance maxi. Oter le papier et l'assiette et laisser refroidir.

Répartir les framboises sur la tarte. Battre au fouet électrique, les œufs et le sucre, délayer avec le lait et la crème fraîche, verser sur les framboises, couvrir, cuire 3 minutes à puissance mini. Oter le couvercle, cuire 3 minutes à puissance moyenne. Si nécessaire, cuire 1 minute à puissance maxi.

XX O

Tarte aux noix

Pour 6 personnes

Ingrédients :
250 g. de pâte sucrée *(p. 115)*
250 g. de crème épaisse
100 g. de sucre en poudre
50 g. de miel
150 g. de noix
1 cuillerée à café de cannelle.

Prép. : 10 min. - Ut. : 10 min.

Foncer un moule à tarte en verre, beurré, de pâte. Badigeonner le bord de jaune d'œuf. Mettre au fond une découpe de papier sulfurisé et une assiette. Cuire 4 minutes à puissance maxi. Oter l'assiette et le papier.

Hacher finement les noix (moulinette). Leur ajouter la cannelle et le sucre.

Mettre le miel dans un bol avec le quart de la crème fraîche. Couvrir, cuire 2 minutes à puissance maxi. Fouetter, ajouter le reste de crème et les noix, bien mélanger et verser sur la tarte.

Ne pas couvrir, cuire 4 minutes à puissance moyenne.

Laisser reposer 3 minutes.

Vérifier la cuisson. Si nécessaire, cuire encore 1 ou 2 minutes à puissance moyenne.

X O

Fonds de tartes pour fruits rouges

Pour 4 personnes

Ingrédients :
1 paquet de petits-beurre
2 cuillerées à soupe de crème
50 g. de beurre.

Prép. : 5 min. - Ut. : 5 min.

Mettre tous les ingrédients au mixer, faire tourner jusqu'à obtenir un mélange homogène.

Beurrer des ronds de papier sulfurisé, étaler la pâte dessus en formant un rebord, mettre sur le plateau du four. Cuire 4 à 5 minutes sans couvrir à puissance moyenne.

On peut faire aussi un seul grand fond.
On peut ajouter aux ingrédients le zeste râpé d'un citron.

✕ ○

Pour 6 personnes

Ingrédients :
1 fond de tarte en petits - beurre
500 g. de fruits rouges
300 g. de gelée de groseille.

Tarte aux fruits rouges

Prép. : 10 min. - Ut. : 2 min.

Dresser le fond de tarte sur le plat de service. Disposer dessus les fruits rouges. Mettre la gelée de groseille dans un bol, couvrir, cuire 2 minutes à puissance maxi.

Mélanger bien le liquide obtenu. verser sur les fruits.

On peut éventuellement mettre sur le fond en petits-beurre une couche de crème pâtissière (p. 117).

Tarte aux poires et au vin

Pour 6 personnes

Ingrédients :
250 g. de pâte sucrée (p. 115)
1 jaune d'œuf
6 poires
1/2 lit. de vin rouge
4 jaunes d'œufs
40 g. de maïzena
125 g. de sucre
1 gousse de vanille.

Prép. : 5 min. + 10 min. - Ut. : 18 min.

La veille, éplucher les poires, les couper en quartiers, les mettre dans un saladier avec 75 g. de sucre et la vanille. Ajouter le vin rouge, couvrir, cuire 2 minutes à puissance maxi. Tourner les poires, ne pas couvrir, cuire 2 minutes à puissance maxi. Laisser reposer jusqu'au lendemain.

Garnir de pâte un plat à tarte beurré. Pincer et dorer le bord au jaune d'œuf. Mettre sur la tarte elle-même un papier sulfurisé beurré et une assiette. Cuire 5 minutes à puissance maxi.

Oter l'assiette, laisser reposer 5 minutes. Si nécessaire, cuire à nouveau 1 ou 2 minutes après avoir enlevé le papier.

Egoutter les poires. Mettre leur jus de cuisson dans un saladier. Ne pas couvrir, cuire 5 minutes à puissance maxi.

Battre au fouet électrique les jaunes d'œufs et le reste de sucre, ajouter la maïzena tamisée et délayer avec le sirop chaud.

Couvrir, cuire 2 minutes à puissance moyenne. Fouetter, cuire encore 2 minutes à couvert à puissance moyenne. Fouetter, laisser tiédir et étaler sur le fond de la tarte. Garnir avec les quartiers de poires.

On peut ajouter quelques gouttes de jus de citron à la crème.

✕ ○

Pour 6 personnes

Ingrédients :
250 g. de pâte brisée (p. 115)
3 ou 4 poires selon grosseur
75 g. de beurre
50 g. de sucre
1 œuf + 1 jaune
2 cuillerées à café de kirsch
150 g. de poudre d'amandes
1 cuillerée à soupe de farine
Nappage abricot.

Tarte aux poires

Prép. : 10 min. - Ut. : 9 min. - Repos : 4 min.

Etaler la pâte et en garnir un plat à tarte en verre, la piquer avec une fourchette. Garnir le fond d'un disque de papier sulfurisé et d'une assiette. Faire cuire 4 minutes sans couvrir à puissance maxi.

Battre le beurre en crème. Ajouter le sucre et continuer à battre jusqu'à obtenir un mélange parfait. Y incorporer l'œuf entier et le jaune battus ensemble au préalable, puis l'alcool et enfin la poudre d'amandes mélangée à la farine.

Etaler ce mélange sur le fond de tarte refroidi.

Eplucher les poires, les couper en lamelles et les disposer en rosace sur la tarte.

Couvrir et faire cuire à puissance moyenne, 5 minutes.

Napper au pinceau dès la sortie du four avec le nappage abricot.

Tarte aux pommes à la crème

Pour 6 personnes

Ingrédients :
250 g. de pâte brisée (p. 115)
6 pommes reinettes
2 œufs
1,5 dl. de crème fleurette
100 g. de sucre
50 g. de beurre.

Prép. : 20 min. - Ut. : 18 min.

Foncer un moule à tarte en verre, beurré, de pâte. Badigeonner le bord au pinceau avec du jaune d'œuf. Poser un disque de papier sulfurisé et une assiette. Faire cuire 4 minutes à puissance maxi.

Chauffer 4 minutes le plat brunisseur, y mettre le beurre et les pommes coupées en quartiers, ne pas couvrir, cuire 4 minutes.

Mettre les pommes sur le fond de tarte. Battre les œufs, le sucre et la crème. Verser sur les pommes. Cuire 3 minutes sans couvrir, à puissance mini et 3 minutes à puissance moyenne.

Tarte aux pommes vertes

Pour 4 personnes

Prép. : 10 min. - Ut. : 18 min.

Ingrédients :
150 g. de pâte sucrée (p. 115)
6 pommes vertes
100 g. de sucre
Sauce au miel (p. 116).

Partager la pâte en quatre portions, l'étaler, y découper quatre cercles de même diamètre. Dresser sur papier sulfurisé, piquer la pâte avec soin.

Eplucher les pommes, les évider avec un vide-pommes, les couper en fines rondelles, les mettre en rosaces sur les fonds de tarte en saupoudrant de sucre entre les couches de pommes. Cuire chaque tarte, 3 minutes, sans couvrir, à puissance maxi.

Au moment de servir, mettre les tartes sur les assiettes de service, saupoudrer de sucre et repasser chaque assiette 1 min. 30, sans couvrir, à puissance maxi.

Servir avec une sauce chaude au miel ou plus simplement avec un peu de caramel liquide.

Tarte chaude aux figues fraîches

Pour 6 personnes

Prép. : 5 min. - Ut. : 5 min.

Ingrédients :
250 g. de pâte sucrée (p. 115)
12 figues
Quelques myrtilles
50 g. de sucre en poudre
1 tasse de crème pâtissière (p. 117)
Coulis de fruits (p. 118)
Crème fouettée.

Etaler la pâte feuilletée sur un papier sulfurisé placé sur le plateau en verre.

Couvrir d'une couche légère de crème pâtissière. Garnir des figues coupées en tranches. Parsemer de myrtilles. Saupoudrer de sucre en poudre, cuire 4 minutes sans couvrir à puissance maxi.

S'assurer de la cuisson du fond, sinon prolonger la cuisson d'une à deux minutes.

Faire colorer sous la sole d'un four normal.

Servir avec un coulis de fruits très froid et de la crème fouettée.

Tarte Tatin

Pour 6 personnes

Ingrédients :
200 g. de pâte brisée
(p. 115)
6 pommes
75 g. de beurre
75 g. de sucre
1 pincée de cannelle
(facultatif).

Prép. : 10 min. - Ct. : 20 min. - Repos : 5 min.

Mettre le sucre et 50 g. de beurre dans un moule à tarte en verre. Faire cuire 4 minutes sans couvrir, à puissance maxi jusqu'à obtenir un caramel.

Bien répartir le caramel dans le fond du plat.

Eplucher les pommes, les couper en quatre et les ranger serrées sur le caramel.

Faire cuire 3 minutes sans couvrir à puissance moyenne, puis 3 minutes à puissance maxi.

Etaler la pâte brisée aux dimensions du plat. Elle doit être fine. Ajouter le beurre restant sur les pommes, puis le disque de pâte.

Faire cuire sans couvrir 5 minutes à puissance moyenne, puis 5 minutes à puissance maxi.

Laisser reposer 5 minutes puis retourner la tarte.

On peut saupoudrer les pommes de cannelle avant de les recouvrir avec la pâte.

✕ ○

Caramels au chocolat

Pour 6 personnes

Prép. : 10 min. - Ut. : 6 min.

Ingrédients :
100 g. de chocolat noir
100 g. de sucre
75 g. de beurre
100 g. de miel
50 g. de crème fraîche
Huile de paraffine.

Casser le chocolat en morceaux dans un saladier. Ajouter le sucre, le beurre et le miel. Couvrir, cuire 2 minutes à puissance maxi. Battre au fouet, cuire 2 minutes à couvert, à puissance maxi. Ajouter la crème fraîche, cuire 2 minutes à couvert à puissance maxi, fouetter, laisser tiédir.

Verser sur une plaque huilée à l'huile de paraffine. Découper en carrés lorsque le mélange est à peine tiède avant qu'il ne durcisse.

✕ ○○

Florentins au chocolat

Pour 6 personnes
(20 florentins)

Prép. : 10 min. - Ut. : 15 min.

Ingrédients :
120 g. de chocolat de couverture
25 g. d'amandes effilées
25 g. de cerises confites coupées en dés
25 g. d'écorces d'oranges confites coupées en petits morceaux
25 g. de raisins secs
1 c. à soupe de rhum
25 g. de sucre semoule
1 petit œuf ou la moitié d'un gros.

Il est préférable d'utiliser un plat rectangulaire pour faciliter le découpage.

Casser le chocolat en morceaux. Les disposer dans le plat. Couvrir et faire cuire 5 minutes à puissance mini.

Sortir du four et faire couler le chocolat pour que le fond du plat soit entièrement recouvert. Mettre 15 minutes au froid. Faire chauffer dans un bol les raisins et le rhum. Mélanger les amandes, les cerises, les raisins bien égouttés, les écorces d'oranges, le sucre et l'œuf battu au préalable.

Verser ce mélange sur le chocolat. Ne pas couvrir et faire cuire 10 minutes à puissance mini. Laisser refroidir puis découper en carrés avant que le mélange ne soit trop dur.

✕ ○

Petits chocolats aux noix

Pour 24 petits chocolats

Ingrédients :
100 g. de sucre glace
2 cuillerées à soupe de cacao amer
20 g. de beurre
1 cuillerée à soupe de crème fraîche
50 g. de cerneaux de noix
1 cuillerée à moka de whisky ou d'eau-de-vie
Cassonade.

Prép. : 5 min. - Ut. : 2 min.

Mettre dans un bol en verre le sucre, le cacao, le beurre et la crème. Faire cuire 2 minutes à puissance maxi.

Enlever du four et tourner vigoureusement avec une cuillère en bois en ajoutant les cerneaux concassés et le whisky. Mettre la préparation dans un moule carré ou rectangulaire grassement beurré. Mettre 1 heure au réfrigérateur.

Couper en carrés, passer dans la cassonade et mettre dans des petites caissettes.

X O

Truffes au chocolat

Pour 6 personnes

Prép. : 30 min. - Ut. : 4 min.

Ingrédients :
200 g. de chocolat noir
Le zeste d'1 orange râpé finement
2 jaunes d'œufs
2 cuillerées à soupe de grand-marnier
2 cuillerées à soupe de crème fraîche épaisse
50 g. de beurre très frais
75 g. de cacao en poudre amer.

Couper le chocolat en morceaux. Ajouter le grand-marnier, couvrir, cuire 4 minutes à puissance mini.

Tourner vivement avec une cuillère, incorporer le zeste d'orange, les jaunes d'œufs, la crème et le beurre. Mettre au frais 1/2 heure.

Rouler dans les mains pour faire des petites boules. Mettre un 1/4 d'heure au frais. Rouler dans le cacao en poudre. Conserver au froid.

On peut remplacer le zeste d'orange par une pincée de cannelle ou de la vanille en poudre.

Les confitures

La cuisson des confitures dans un four à micro-ondes permet la réalisation de petites quantités de confiture à la fois, ce qui peut correspondre à une cueillette de fruits parfaitement mûrs chaque jour. Il va sans dire que cela augmente la qualité du résultat.

Deux possibilités pour faire ces confitures :

- soit utiliser du sucre gélifiant, cela permet de faire des confitures moins sucrées et moins cuites donc plus parfumées, mais leur conservation est limitée.

- soit utiliser du sucre normal : il faut dans ce cas, augmenter les proportions de sucre pour avoir un poids égal sucre / fruits et augmenter d'un tiers le temps de cuisson.

- On peut essayer toutes sortes de mélanges de fruits à chaque saison.

✕ ○

Confiture d'abricots

Prép. : 10 min. - Ut. : 17 min.

Ingrédients :
1,300 kg. d'abricots
850 g. de sucre gélifiant.

3 heures avant, dénoyauter les abricots. Les mettre à macérer dans un saladier avec le sucre.

Casser les noyaux, récupérer les amandes, les éplucher, les mettre dans un bol. Couvrir d'eau, cuire 5 minutes à puissance maxi. Egoutter.

Mettre le saladier contenant les abricots dans le four à micro-ondes, ne pas couvrir, cuire 5 minutes à puissance maxi.

Ajouter les amandes, tourner le mélange avec une cuillère de bois, ne pas couvrir, cuire 7 minutes à puissance maxi.

✕ ○

Confiture de fraises

Prép. : 10 min. - Ut. : 12 min.

Ingrédients :
1,1 kg. de fraises
200 g. de groseilles
900 g. de sucre gélifiant.

Passer les fruits au moulin à légumes, grille fine, après les avoir lavés et équeutés. On doit obtenir 1 kg. de pulpe net pour la quantité de sucre prévue.

Mélanger dans un saladier le sucre et la pulpe de fruits, laisser macérer 3 heures.

Ne pas couvrir, cuire 6 minutes, à puissance maxi. Mélanger avec soin, ne pas couvrir, cuire 7 minutes à puissance maxi.

Confiture de framboises

Prép. : 3 min. - Ut. : 12 min.

Ingrédients :
1 kg. de framboises
500 g. de sucre gélifiant
350 g. de sucre ordinaire.

Verser le sucre sur les framboises, laisser macérer 3 heures.

Cuire sans couvrir, 5 minutes à puissance maxi.

Tourner délicatement la confiture avec une cuillère en bois, cuire sans couvrir 7 minutes à puissance maxi.

Mettre en pots aussitôt.

Confiture de framboises-cassis

Prép. : 5 min. - Ut. : 16 min.

Ingrédients :
500 g. de cassis
500 g. de framboises
500 g. de sucre gélifiant
500 g. de sucre ordinaire.

Mettre sur les framboises le sucre ordinaire, laisser macérer 3 heures.

Egrener le cassis, le cuire avec un verre d'eau à couvert, 5 minutes à puissance maxi.

Passer au tamis sur les framboises. Ajouter le sucre gélifiant, ne pas couvrir, cuire 6 minutes à puissance maxi, mélanger délicatement.

Cuire encore une fois 5 minutes à puissance maxi, sans couvrir.

✕ ○

Confiture d'oranges

Prép. : 20 min. - Ut. : 16 min.

Ingrédients :
1 kg. d'oranges
1 citron
750 g. de sucre gélifiant
2 gousses de vanille.

Eplucher oranges et citron à vif en récupérant le jus ; mettre le tout dans un saladier, ajouter le sucre, la vanille. Ne pas couvrir, cuire 8 minutes à puissance maxi, puis 8 minutes à puissance moyenne.

Vérifier la cuisson en mettant une goutte de jus sur une assiette froide. Elle doit figer.

Retirer la vanille. Mettre en pots.

✕ ○

Confiture de reines-claudes

Prép. : 10 min. - Ut. : 10 min.

Ingrédients :
1 kg. de reines-claudes
800 g. de sucre gélifiant
1 gousse de vanille.

Couper les prunes en deux, ôter les noyaux. Mettre la pulpe dans un grand saladier, ajouter la vanille, le sucre, laisser mariner 3 heures.

Ne pas couvrir, faire cuire 16 minutes à puissance maxi. Mélanger avec soin, cuire à nouveau 6 minutes sans couvrir à puissance maxi.

Vérifier la cuisson, ôter la vanille, mettre en pots.

Pâte brisée

Ingrédients :
250 g. de farine
1 pincée de sel
20 g. de sucre
125 g. de beurre
2 c. à soupe d'eau.

Prép. : 5 min.

Disposer la farine tamisée, le sel et le sucre en fontaine. Mettre le beurre en morceaux et l'eau au centre. Travailler rapidement et rassembler la pâte en boule.

Laisser reposer dans le réfrigérateur environ 1 heure.

Pâte sucrée

Ingrédients :
250 g. de farine
100 g. de sucre en poudre
125 g. de beurre
2 cuillerées à soupe de crème fraîche
2 jaunes d'œufs.

Prép. : 5 min.

Mettre dans le bol d'un mixer la farine, le sucre, le beurre, la crème. Mixer 2 minutes, ajouter alors les jaunes d'œufs l'un après l'autre. On peut aussi faire cette pâte à la main en travaillant le moins possible.

Glaçage au blanc d'œuf

Ingrédients :
250 g. de sucre glace
2 blancs d'œufs
1 cuillerée à café de jus de citron.

Prép. : 3 min.

Mélanger d'abord le sucre glace et les blancs d'œufs en tournant énergiquement, diluer avec le jus de citron ; utiliser rapidement, ce glaçage sèche très vite.

Glaçage au jus de fruits

Ingrédients :
250 g. de sucre glace
3 c. à soupe de jus de fruits
1 c. à café de jus de citron.

Prép. : 3 min.

Procéder de la même façon.

Glaçage au fondant

Ingrédients :
300 g. de fondant tout prêt
2 cuillerées à soupe de liqueur de son choix.

Prép. : 5 min.

Ramollir le fondant au bain-marie et incorporer la liqueur.

Sauce au miel

Prép. : 2 min. - Ut. : 3 min.

Ingrédients :
100 g. de miel
50 g. de beurre
Le jus d'1/2 citron.

Mettre le miel dans un bol, couvrir, cuire 2 minutes à puissance moyenne. Ajouter le beurre, couvrir, cuire 2 minutes à puissance moyenne.
Bien mélanger, délayer avec le jus de citron.

Verser sur des tartes aux pommes chaudes ou sur des glaces à la cannelle ou à la vanille.

Crème au beurre

Prép. : 5 min. - Ut : 5 min.

Ingrédients :
250 g. de beurre
4 jaunes d'œufs
1 cuillerée à soupe d'extrait de café
100 g. de sucre en poudre
50 g. de sucre glace.

Mettre le beurre dans un saladier, couvrir, cuire 1 minute à puissance mini. Mélanger avec l'extrait de café.

Mettre les 100 g. de sucre dans un bol avec 2 cuillerées à soupe d'eau. Ne pas couvrir, cuire 3 minutes à puissance maxi (attention, il ne doit pas prendre couleur).

Pendant ce temps, battre au fouet électrique les jaunes d'œufs et le sucre glace. Tout en battant, verser le sirop de sucre chaud lentement pour l'incorporer dans les œufs.

Ajouter ensuite ce mélange dans le beurre en continuant à fouetter. Laisser refroidir.

On peut remplacer l'extrait de café par 1 cuillerée à soupe de café soluble délayé avec 1 cuillerée à soupe d'eau.

On peut réaliser cette crème avec toutes sortes de parfums.

Crème pâtissière

Prép. : 5 min. - Ut. : 4 min.

Ingrédients :
3 œufs
1 gousse de vanille
75 g. de sucre
1/4 lit. de lait
1/4 lit. de crème fleurette
40 g. de maïzena.

Battre au fouet les œufs, la maïzena et le sucre.

Mettre dans un saladier le lait et la vanille, ne pas couvrir, cuire 4 minutes à puissance maxi. Verser sur les œufs en fouettant. Ajouter la crème fraîche.

Ne pas couvrir, cuire 2 minutes à puissance moyenne. Fouetter, cuire encore 2 minutes à puissance moyenne, fouetter, laisser refroidir.

Si le mélange n'est pas assez épais, on peut éventuellement prolonger la cuisson d'une à deux minutes.

Crème anglaise

Pour 4 personnes

Prép. : 3 min. - Ut. : 5 min.

Ingrédients :
1/4 lit. de lait
4 jaunes d'œufs
1 gousse de vanille
75 g. de sucre.

Mettre dans un saladier le lait et la vanille. Couvrir, cuire 3 minutes à puissance moyenne.

Pendant ce temps, battre les jaunes d'œufs et le sucre jusqu'à obtenir un mélange blanc et mousseux, délayer avec le lait chaud, cuire 1 minute, en couvrant, à puissance maxi. Fouetter, cuire encore 1 minute couvert, à puissance maxi. Fouetter, laisser reposer puis mettre au froid.

✕ O

Sauce au chocolat

Prép. : 2 min. - Ut. : 3 min.

Ingrédients :
150 g. de chocolat noir
1 dl. de crème
40 g. de beurre
1 cuillerée à soupe de whisky ou de café très fort (facultatif).

Couper le chocolat en morceaux dans un bol. Ajouter la moitié de la crème, couvrir, cuire 3 minutes à puissance moyenne.

Tourner avec une cuillère de bois en s'assurant que le chocolat est bien fondu. Incorporer le reste de crème et le beurre puis le parfum choisi. Conserver au froid.

Pour l'utiliser, faire revenir à consistance onctueuse en chauffant à couvert 3 minutes à puissance mini.

A utiliser sur des poires pochées ou des boules de glace aux parfums divers.

✕ O

Coulis de griottes

Prép. : 15 min. - Ut. : 5 min.

Ingrédients :
500 g. de griottes
200 g. de sucre en poudre.

Dénoyauter les griottes, les mettre dans un saladier avec le sucre, couvrir, cuire 5 minutes à puissance maxi.

Mixer, passer au tamis.

Ce coulis est délicieux pour accompagner les charlottes ou les mousses de fruits.

✕ O

Coulis de groseilles

Prép. : 10 min. - Ut. : 5 min.

Ingrédients :
500 g. de groseilles
150 g. de sucre en poudre.

Mettre les groseilles dans un saladier avec le sucre. Couvrir, cuire 5 minutes à puissance maxi.

Passer au tamis en pressant. Mettre au froid.

Utiliser avec des fruits frais ou des fruits pochés.

On peut aussi, pour un repas de fête, verser ce coulis sur des fruits rouges dans un saladier. Finir de remplir ce saladier avec du champagne.

✗ ○

Fourrage au chocolat

Prép. : 2 min. - Ut. : 2 min.

Ingrédients :
125 g. de chocolat
1/8 lit. de crème fouettée.

Couper le chocolat en petits morceaux dans un saladier. Ajouter la moitié de la crème fraîche. Couvrir, cuire 2 minutes à puissance maxi. Fouetter vivement en incorporant le reste de crème. Laisser refroidir, mettre au réfrigérateur au moins deux heures avant l'utilisation.

Selon ses goûts, on peut ajouter un peu de sucre. Dans ce cas, il est recommandé d'employer du sucre glace.

✗✗ ○

Fourrage au miel pour génoise

Prép. : 2 min. - Ut. : 2 min.

Ingrédients :
1 œuf
1/2 tasse de miel
1 cuillerée à soupe de beurre
2 cuillerées à soupe rases de farine
25 g. de sucre
Le jus et le zeste râpé d'1 orange ou d'1citron.

Mettre le miel dans un bol, ne pas couvrir, cuire 30 secondes à puissance maxi.

Ajouter tous les autres ingrédients, couvrir, cuire 1 minute à puissance maxi. Fouetter, cuire par fractions de 30 secondes pour obtenir une crème épaisse.

TABLE DES RECETTES

Pages

Les friandises

Les gâteaux aux céréales

Les puddings

Les recettes de base

Les tartes

Dépôt légal 4e trim. 1988
n° 1 561

ISBN 2-7372-2232-X

Imprimé en C.E.E.

Vaisselle aimablement fournie par "LES ARTS DU FEU", Colmar.